Hört sich das nicht gut an? Ihre Gäste sind da und Sie müssen nicht die meiste Zeit in der Küche verbringen!

Liebe Bäckerinnen und Bäcker,

Sie kochen und backen leidenschaftlich gern und verwöhnen Ihre Gäste mit raffinierten Gerichten? Dann probieren Sie gleich etwas von diesen Leckereien aus.

Freuen Sie sich auf Rezepte wie z.B. Champignontorte, Käse-Muffins, Kraut-Kartoffelkuchen, Lachs-Spinat-Rolle, Nudel-Soufflé, Partyzopf, Salami-Frischkäse-Hörnchen, Schafskäsetaschen und vieles mehr.

Schnell, ausgefallen, raffiniert und appetitlich angerichtet, so punkten Sie bei Ihren Gästen garantiert.

Viele Rezepte können Sie gut vorbereiten, das nimmt Ihnen den Stress vor der Feier.

Bitte lesen Sie auch die Anmerkungen auf den Seiten 3 - 5 und die Tipps auf den Fotoseiten durch.

Ich wünsche Ihnen gutes Gelingen und ganz viel Spaß bei Ihrer Party!

Christine Haas

Impressum:

Autorin und
Herausgeberin: Christine Haas©
Rosenweg 19 · 85134 Stammham
Tel. 08405 913996

e-mail: Haas-Ch@web.de
www.christines-rezepte.de

(8. Auflage)

Haben Sie Fragen oder Anregungen, dann dürfen Sie sich gerne an mich wenden. Ich freue mich auf Ihren Anruf bzw. Ihre Mail.

Druck: Beck – Druckerei und Verlag
94315 Straubing
Tel. 09421 8424-0

Diese Rezepte sind alle getestet. Ich übernehme jedoch keine Haftung für evtl. Schäden, die bei der Zubereitung dieser Rezepte an Personen bzw. am TM entstehen können. Beachten Sie auch die Anwendungs- und Sicherheitshinweise der Gebrauchsanleitung Ihres TMs.

Anmerkungen:

Ist nichts anderes angegeben sind die **Einstellungen** für den **TM31** und **TM5** identisch.

Die Zutaten habe ich in „fetter" Schrift geschrieben, so müssen Sie das Rezept für den **Einkauf der Zutaten** nur überfliegen. Bitte lesen Sie das **gesamte Rezept** durch, bevor Sie mit der Verarbeitung beginnen.

Die **Backzeit** ist nur ein **Richtwert.** Ich backe die Quiches, Pizzas etc. auf der **zweiten Schiene von unten** mit **Ober- und Unterhitze.** Steht im Rezept nichts anderes dabei, den **Ofen vorheizen.**

Anstelle von **Backpapier** verwende ich eine **Dauerbackfolie** und statt einer **Tarteform** nehme ich immer eine **Springform mit 26 cm Ø.**

Zum **Verstreichen des Belages/der Füllung** eignet sich sehr gut eine **Winkelpalette** (siehe Foto Käserosette auf S. 44).

Der **Mixtopf** muss bei ganz vielen Gerichten dazwischen **nicht gespült** werden.

Ist der **Teig zu weich,** einfach noch etwas Mehl zugeben, ist er zu **streng,** etwas Flüssigkeit (Milch bzw. Wasser) unterrühren.

Teigreste aus dem **Topf entfernen:** Kurz auf Stufe 10 schalten und den Rest mit dem Spatel entnehmen.

Anmerkungen:

Zu jedem deftigen Gericht gehört eigentlich eine **Prise Zucker** sowie zu jeder Süßspeise/Kuchen eine **Prise Salz** dazu, damit sich der Geschmack noch besser entfalten kann.

Zum Einfrieren eignen sich die **Quiches** sowie **viele andere Gerichte.** Frieren Sie Reste ein. Wenn die Zeit knapp ist, nehmen Sie Verschiedenes aus der Truhe und Sie haben schnell ein **vielfältiges Abendessen** für die Familie.

Blätterteig erst kurz vor dem Füllen aus dem Kühlschrank nehmen, er wird schnell weich und lässt sich ansonsten nicht mehr so gut einrollen.

Abkürzungen:

↶	Linksstufe
D.	Dose
Dampfg.	Dampfgaren (Varom.)
EL / TL	Esslöffel / Teelöffel
geh.	gehäuft
gek.	gekocht
gem.	gemahlen/gemischt
ges.	gesamt
gestr.	gestrichen
getr.	getrocknet
Pr.	Prise
P.	Päckchen
TK	tiefgekühlt
W.	Würfel

Anmerkungen:

Sortieren Ihrer gesammelten **Rezept-„Schnipsel"**:

Kommt Ihnen das auch bekannt vor? Sie suchen ein Rezept und finden es unter Ihren hunderten gesammelten Rezepten doch nicht?

Legen Sie einen Ordner mit Prospekthüllen an, z.B. mit zwei Rubriken: Deftiges und Süßes. Die Hüllen mit folgenden Stichwörtern nach dem ABC (mit einem schwarzen, dicken Folienstift) versehen.

Z.B.:
Fisch, Fleisch, Gemüse, Salate, Spargel, Suppen, Zucchini...

Äpfel, Beeren, Mohn, Nüsse, Pflaumen, Quark-, Sahnetorten, Sonstiges...

und evtl. ein Extrafach für Nachspeisen, Ostern, Weihnachten usw.

Es ist ein einmaliger Aufwand, über den Sie sich bei jeder Suche erneut freuen und vielleicht sogar an mich denken werden.

Ist z.B. Spargel- oder Kirschenzeit, müssen Sie nur eine Hülle durchsehen und finden ganz schnell ein passendes Rezept. Auch neu gesammelte Rezepte sind dann sofort am richtigen Platz.

Ich wünsche Ihnen viel Spaß beim Sortieren!

Appenzeller Käsekuchen

Ein echter Sattmacher für die ganze Familie!

Lecker eingeschichtet und herrlich herzhaft; der deftige Käse gibt dem Kuchen ein raffiniertes Aroma. Hier wird ein „Stinki"-Käse zum echten Geschmackserlebnis.

Überraschen Sie Ihre Gäste damit und freuen Sie sich auf die Komplimente. Ich esse ihn am liebsten warm. Auch zum Einfrieren geeignet.

Kaufen Sie ca. **80 g Appenzeller** mehr als im Rezept angegeben, die Rinde vom Käse wiegt leider so viel.

Teig:
200 g Weizenmehl Type 405, 1 Ei,
120 g Margarine, ½ TL Salz,
1 Pr. Zucker, 30 g Wasser
im Mixtopf verkneten. 30 Sek. / Stufe 5

Den weichen Teig in eine gefettete Springform (Ø 26 cm) geben und einen Rand hochziehen. Mit **100 g rohem Schinken** belegen.

Belag:
250 g Appenzeller Käse
in Stücken im Mixtopf
zerkleinern. 6 Sek. / Stufe 10

1/3 auf den Schinken streuen, Rest umfüllen.

2 Schalotten zerkleinern. 3 Sek. / Stufe 5

Die Schalotten in einer Pfanne mit **etwas Butter** dünsten. **400 g braune Champignons** (ungeputzt gewogen) in Scheiben geschnitten, **¼ TL Thymian, etwas Pfeffer, 1 TL Salz** zugeben und braten. Auf dem Käse verteilen.

Guss:
2 Eier, 200 g Schmand, 50 g Milch,
½ TL Salz, ¼ TL Pfeffer im
Mixtopf verrühren. 10 Sek. / Stufe 3

Die Masse darübergießen, mit dem restlichen Käse bestreuen und backen.

Backzeit: 200°, ca. 40 Min.

Blätterteigrolle

Ruck-zuck fertig und genauso schnell gegessen!

Diese leckere Rolle dürfen Sie Ihren Gästen nicht vorenthalten.

Schmeckt warm und kalt.

Hier passt ein gemischter Salat dazu.

Wer nicht so viel Füllung mag, verwendet zwei Blätterteige (auf dem Foto: 1 Packung). Ich verwende meistens 2 Rollen.

Vielen Dank an Claudia Probst für dieses Rezept.

1 - 2 Rollen Blätterteig (à 275 g, aus dem Kühlregal) ausrollen. **Siehe Anmerkung links.**

Für die Dekoration 2 Streifen mit einem Teigrädchen abschneiden.

Füllung:
½ Zwiebel, ½ Stange Lauch (50 g),
100 g Salami, 80 g Emmentaler,
100 g gek. Schinken, jeweils
in Stücken, im Mixtopf
zerkleinern. ca. 3 Sek. / Stufe 5
200 g Crème fraîche,
50 g rohe Schinken-
oder Speckwürfel,
¼ TL Pfeffer unterrühren. 5 Sek. / Stufe 3

Die Masse auf den Blätterteig streichen, 1 cm Rand freilassen, mit Hilfe des Papiers von der kurzen Seite her fest aufrollen, die Enden gut andrücken und mit der Öffnung nach unten auf ein mit Backpapier belegtes Blech geben. Mit den Streifen dekorieren.

Mit **1 - 2 Eigelben** bestreichen und backen.

Backzeit: 180°, ca. 45 Min. für 1 Rolle

Verteilen Sie die Füllung auf 2 Blätterteige, beträgt die Backzeit ca. 30 Min., da die Rollen dünner sind.

(Oder: Ohne Eigelb einfrieren und bei Bedarf gefroren in den Ofen schieben. Die Backzeit verlängert sich etwa um 15 - 20 Min.)

Bratwurst-Schicht-Torte

Schön herzhaft und gut vorzubereiten, auch schon am Vortag! Ich serviere sie gerne kalt. Vielen Dank an Bettina Gröpler für dieses Rezept.

1 P. TK-Blätterteig (450 g) auftauen lassen.

Zum Bestreuen:
100 g Gouda in Stücken im Mixtopf zerkleinern und umfüllen. 3 Sek. / Stufe 8

Füllung:
200 g Gouda, 300 g gek. Schinken, jeweils in Stücken, zerkleinern und umfüllen. ca. 2 Sek. / Stufe 5

500 g Lauch (3 - 4 Stangen)
in Stücken zerkleinern, den Spatel
zum Mitrühren verwenden. 5 - 6 Sek. / Stufe 6
30 g Öl zugeben, dünsten. 8 Min. / Dampfg. / ↶ / Stufe 1

Die Masse im Gareinsatz oder Sieb abtropfen lassen.

150 g rohe Schinken- oder Speckwürfel in einer Pfanne ohne Öl knusprig braten.

Eiersahne:
6 Eier, 200 g Sahne, etwas Muskat, 1 EL getrocknete Petersilie, $\frac{1}{4}$ TL Pfeffer, 1 TL Salz
im Mixtopf verrühren. 10 Sek. / Stufe 3

Die Teigscheiben aufeinanderlegen, zu einem Rechteck von 35 x 30 cm ausrollen, in eine gut gefettete Springform (Ø 26 cm) legen und am Rand etwas überhängen lassen.

2 rohe Bratwürste (ca. 250 g) aus der Haut drücken und auf den Boden streichen.

Den Lauch, das Schinken-Käsegemisch, **400 g Cocktailtomaten** in Würfeln, die gebratenen Schinkenwürfel in die Form schichten, mit der Eiersahne begießen und mit Käse bestreuen, den Teigrand zur Mitte hin etwas überlappen.

1 Eigelb und **1 TL Milch** verrühren und den Rand damit einstreichen.

Backzeit: 180°, ca. 1$\frac{1}{2}$ Std.

Brunch®-Pizza

Freuen Sie sich auf ofenfrischen Genuss nach Christines Art!

Eine Pizza mit selbstgemachtem Hefeteig ist wirklich einfach herzustellen und auch mit wenigen Zutaten sehr lecker.

Eine etwas umstrittene Pizza bei Männern, da sie immer sehr viel Belag darauf haben wollen, aber Gerti und ich konnten sogar unsere Männer überzeugen.

Für Vegetarier: Bereiten Sie einen Teil der Pizza ohne Schinken zu; evtl. mehr Paprika verwenden.

Teig:
400 g Weizenmehl Type 405,
1 W. Hefe, 1 TL Salz,
1 Pr. Zucker, 200 g lauwarmes
Wasser, 70 g Olivenöl im
Mixtopf verkneten. 2 Min. / Knetstufe

Den Teig im Mixtopf ca. 30 Min. gehen lassen.

Auf einem gefetteten Blech (35 x 40 cm) ausrollen.

Belag:
200 g Brunch „Paprika & Peperoni"® (Fa. Edelweiss GmbH + Co. KG) auf dem Teig verstreichen und mit **200 g gek. Schinken** belegen.

Je 1 rote, gelbe und **grüne**
Paprikaschote in Stücken
im Mixtopf zerkleinern. ca. 1 Sek. / Stufe 4 (TM31)
ca. 1 Sek. / Stufe 5 (TM5)

Achtung: Nicht zu lange zerkleinern!

Auf der Pizza verteilen.

300 g Gouda in Stücken
im Mixtopf zerkleinern. 8 Sek. / Stufe 10

Auf die Paprika streuen und backen.

Backzeit: 200, ca. 30 - 35 Min.

Tipp: Frieren Sie die rohe Pizza ein. Wenn's mal schnell gehen muss, einfach ab in den Ofen bei 200°, ca. 35 Min. (bei dieser Variante heize ich nicht vor).

Cabanossi-Fladen

Den pfiffigen Feierabendsnack werden garantiert alle lieben!

Suchen Sie etwas Herzhaftes, was schnell und ohne viel Aufwand auf dem Tisch steht? Dann liegen Sie mit diesem Fladen genau richtig.

Servieren Sie ihn frisch aus dem Ofen.

Anstelle von Cabanossi Kassler verwenden, oder halb-halb, je nach Belieben. Ich mische bei vielen Gerichten gerne verschiedene Käsesorten, einfach ausprobieren, was Ihnen am besten schmeckt.

Zum Bestreuen:
50 g Emmentaler,
50 g Gouda im Mixtopf
zerkleinern und umfüllen. 4 Sek. / Stufe 10

Teig:
450 g Weizenmehl Type 405,
60 g Margarine, 2 Eier,
½ W. Hefe, 180 g Milch,
1½ TL Salz, 10 g Zucker
im Mixtopf verkneten. 2 Min. / Knetstufe

Den Teig auf einem gefetteten Blech (35 x 40 cm) ausrollen.

200 g Schmand darauf verstreichen.

200 g Cabanossi quer halbieren, in Scheiben schneiden und auf dem Fladen verteilen.

Ca. 1 Stunde abgedeckt gehen lassen.

Mit dem Käse bestreuen und backen.

Backzeit: 200°, ca. 20 - 25 Min.

Champignon-Torte

Schöner kann eine Party nicht beginnen, köstlich!

150 g Emmentaler in Stücken
im Mixtopf zerkleinern und
für die Füllung beiseite stellen. 8 Sek. / Stufe 8

Teig: **100 g Emmentaler**
in Stücken zerkleinern. 6 Sek. / Stufe 8
400 g Weizenmehl Type 405,
100 g Sahne, 200 g Margarine,
1½ TL Salz, 1 TL Paprikapulver
edelsüß zugeben und verkneten. 40 Sek. / Stufe 5
Evtl. mit dem Spatel mitrühren.

Den Teig in eine gefettete Springform (Ø 26 cm) geben und einen Rand hochziehen.

Belag:

2 Zwiebeln halbiert zerkleinern. 3 Sek. / Stufe 5

In einer Pfanne mit **etwas Öl** anbraten.

200 g gek. Schinken
in Stücken zerkleinern. 1 Sek. / Stufe 4 (TM31)
1 - 2 Sek. / Stufe 5 (TM5)

Zu den Zwiebeln geben und mitbraten. **400 g frische Champignons** (ungeputzt gewogen) in Scheiben zugeben und braten. **½ TL Salz, etwas Pfeffer** unterrühren. Die Masse auf den Teig geben.

Guss:

2 Eier, 200 g Schmand, 100 g Sahne,
knapp ¾ TL Salz, etwas Pfeffer,
30 g geriebenen Käse im
Mixtopf verrühren. 15 Sek. / Stufe 3

Die Eier-Sahne in die Form gießen, mit dem restlichen Käse bestreuen und backen.

Backzeit: 180°, ca. 60 Min.

Schmeckt warm und kalt.

Fladenbrot

Einfach zum Reinbeißen, einfach nur lecker!

Blitzschnell auf dem Tisch. Mal wieder für Überraschungsgäste oder einfach nur für Ihre Familie. Das Fladenbrot schmeckt warm und kalt.

Schneiden Sie das Brot in kleine Teilchen, davon nimmt sich garantiert jeder ein Stück.

Verwenden Sie nur Vollkornmehl oder Mehl Type 405, oder mischen Sie es beliebig.

Ich verwende für alle Gerichte rohe Schinkenwürfel, die sind schön mager.

Teig:
500 g Weizenmehl Type 405,
100 g Weizenvollkornmehl,
¾ W. Hefe, 50 g Öl,
350 g lauwarmes Wasser,
½ TL Salz im Mixtopf
verkneten. 2 Min. / Knetstufe

Den Teig auf ein gefettetes Blech (35 x 40 cm) geben und 30 Min. abgedeckt gehen lassen.

Belag:
1 Zwiebel halbiert
im Mixtopf zerkleinern. 2 - 3 Sek. / Stufe 5
200 g Schmand, 200 g Sahne,
300 g rohe Schinken- oder
Speckwürfel unterrühren. 10 Sek. / ↶ / Stufe 2

Die Masse auf den Teig streichen und backen.

Backzeit: 180°, ca. 40 Min.

Flammkuchen

Eine Raffinesse: Hauchdünner Boden deftig und lecker belegt!

Speckwürfel sorgen für viel Würze.

Schmeckt warm und kalt und ist schnell und einfach aus wenigen Zutaten gezaubert.

Ich finde ihn so prima, dass ich das ganze Blech alleine aufessen könnte.

Teig:
200 g Weizenmehl Type 405,
¼ TL Salz, 20 g Öl,
120 g kaltes Wasser
im Mixtopf verkneten. 2 Min. / Knetstufe

Den Teig auf einem gefetteten Blech (30 x 40 cm) ausrollen.

Belag:
250 g Zwiebeln halbiert
im Mixtopf zerkleinern 3 Sek. / Stufe 4
anschließend 1 - 2 Sek. / Stufe 5
200 g Schmand, 3 Pr. Salz,
etwas Pfeffer, etwas Muskat,
150 g rohe Schinken- oder
Speckwürfel unterrühren. 10 Sek. / ↺ / Stufe 2

Die Masse auf den Teig streichen und backen.

Backzeit: 200°, ca. 30 Min.

Flammkuchen mit Lachs

Ein herzhaftes Gebäck mit knusperdünnem Boden und besonders aromatisch dank Dill und Meerrettich!

Er ist sehr, sehr schnell zubereitet und total lecker. Ich finde ihn mit ganz viel Dill am besten.

Und diese Variante schmeckt mindestens genauso gut: Schmand mit 2 - 3 TL Tomatenpesto anstelle von Meerrettich und Dill verrühren, mit 100 g rohem Schinken und 200 g Kirschtomaten statt Lachs belegen.

Teig:
200 g Weizenmehl Type 405,
¼ TL Salz, 20 g Öl,
120 g kaltes Wasser
im Mixtopf verkneten. 2 Min. / Knetstufe

Den Teig auf einem gefetteten Blech (30 x 40 cm) ausrollen und einen kleinen Rand formen.

Belag:
200 g Schmand, 1 TL Meerrettich,
½ - ¾ TL Salz, etwas Pfeffer,
etwas Muskat im Mixtopf
verrühren. 10 Sek. / Stufe 3

Die Masse auf den Teig streichen und vorbacken.

Backzeit: 200°, ca. 15 - 20 Min.

200 g Räucherlachs in Streifen schneiden, auf dem Teig verteilen und bei gleicher Temperatur ca. 5 Min. fertig backen.

Je nach Belieben mit **getrocknetem** oder **frischem Dill** bestreuen.

Französische Tarte

Voilà! Die etwas andere Tarte, so schmeckt's in Frankreich.

Durch den Ziegenkäse besonders aromatisch. Wer den Geschmack nicht so mag, nimmt einfach Fetakäse, damit schmeckt sie auch spitzenmäßig.

Keine Tarte-Form? Kein Problem! Verwenden Sie einfach eine Springform.

Fahnen können Sie ganz leicht selbst herstellen: Die jeweiligen Farben in einer Datei zusammenstellen und ausdrucken. An einen Zahnstocher kleben, fertig.

Eine gut gefettete Springform (Ø 26 cm) mit **1 Rolle Blätterteig (275 g, aus dem Kühlregal)** auslegen.

Belag:

300 g Lauch (ca. 2 dicke Stangen) in Stücken im Mixtopf zerkleinern.	2 - 3 Sek. / Stufe 5 (TM31) 2 - 3 Sek. / Stufe 6 (TM5)
250 g Schmand, 2 Eier, ¾ TL Salz, etwas Pfeffer, etwas Muskat unterrühren.	5 Sek. / Stufe 3

Die Masse auf dem Blätterteig verteilen.

150 g Ziegenfrischkäse (Rolle) auf die Torte bröseln, etwas festdrücken, den Teigrand nach unten klappen und backen.

Backzeit: 180°, ca. 45 Min.

Gemüse-„Quietsche"

Warm oder kalt ein spitzenmäßiger Genuss, lassen Sie sich diese Quiche nicht entgehen!

Von meinen Nachbarinnen Sandra und Laura wird sie „Quietsche" anstatt Quiche genannt. Und genau so heißt sie bei mir jetzt auch.

Danke an Bettina Gröpler für dieses Rezept.

Mögen Sie's noch deftiger? 50 g rohe Schinken- oder Speckwürfel in einer Pfanne ohne Öl kross braten und mit dem Gemüse unterrühren. Oder noch würziger? Einfach Chilipulver zugeben.

Eine gut gefettete Springform (Ø 26 cm) mit **1 Rolle Blätterteig (275 g, aus dem Kühlregal)** auslegen.

Belag:

200 g Emmentaler, 100 g Salami, 150 g gek. Schinken, 1 rote Paprikaschote, jeweils in Stücken, im Mixtopf zerkleinern.	3 - 4 Sek. / Stufe 5
1 D. mexikanisches Gemüse, 100 g Champignons aus dem Glas (in Scheiben) unterheben, den Spatel zum Mitrühren verwenden.	10 Sek. / ↶ / Stufe 3

Die Masse auf dem Blätterteig verteilen.

Füllung:

250 g Sahne, 4 Eier, ½ TL Salz, etwas Pfeffer, etwas Muskat im Mixtopf verrühren.	10 Sek. / Stufe 5

Die Eiersahne über das Gemüse gießen und backen.

Backzeit: 200°, ca. 60 Min.

Grissini
mit Frischkäse-Quark-Dip

Knabberspaß für eine fröhliche Runde!

Mögen auch Kinder.

Unkompliziert, braucht etwas Zeit, aber die Mühe lohnt sich auf alle Fälle.

In einer Blechdose aufbewahrt halten sich die Grissini sehr gut.

Der Dip schmeckt auch prima zu Salzkartoffeln; hierfür evtl. Schnittlauchröllchen untermischen.

Grissini:

300 g Weizenmehl Type 405,
1 TL Salz, ½ W. Hefe,
150 g lauwarmes Wasser,
1 Pr. Zucker, 20 g Butter
im Mixtopf verkneten. 2 Min. / Knetstufe

Auf bemehlter Arbeitsfläche ½ cm dick zu einem Rechteck ausrollen, mit einem Messer in ½ cm breite Streifen (ca. 15 cm lang) schneiden. In den Händen kurz rollen.

Jeweils eine Hälfte der Stangen in Wasser tauchen und je nach Belieben in **Mohn, Sesam, Kümmel, Kräutern der Provence, Pizzagewürz** oder **Thymian** wälzen bzw. die Stangen damit bestreuen.

Auf mit Backpapier belegte Bleche legen (die Stangen müssen gerade liegen) und backen.

Backzeit: 160° (Umluft), ca. 15 Min.

Geben Sie gleich 3 Bleche auf einmal in den Ofen!

Menge: ca. 110 Stück

Passend dazu z.B. einen Frischkäse-Quark-Dip (ohne Foto):

130 g Doppelrahm-Frischkäse,
100 g Sahnequark (40 %),
50 g Sauerrahm, ½ TL Paprikapulver edelsüß, ½ TL Salz im Mixtopf verrühren. 5 Sek. / Stufe 3

Hähnchenkuchen

Exotisch, aromatisch und saftig, mit einem Wort: Perfekt!

Ausprobieren ist hier wieder ein Muss.

Heiß finde ich ihn am besten.

Die Füllung schmeckt auch zu Wok-Nudeln oder Reis spitzenmäßig.

Kreuzkümmel hat einen kräftigen Geschmack und darf in der orientalischen Küche zu Currygerichten oder auch bei diesem Kuchen nicht fehlen.

Teig:
250 g Weizenmehl Type 405,
150 g Milch, 30 g Hefe,
½ TL Salz, 30 g Öl, 1 TL Honig
im Mixtopf verkneten. 2 Min. / Knetstufe

Die Hälfte des Teiges in eine gefettete Springform (Ø 26 cm) geben.

Füllung:
150 g Lauch (ca. 1 dicke Stange),
1 rote Paprikaschote,
jeweils in Stücken
im Mixtopf zerkleinern. 3 Sek. / Stufe 4 (TM31)
ca. 3 Sek. / Stufe 5 (TM5)

400 g Hähnchenbrust in kleine Würfel schneiden und in **etwas Öl** scharf anbraten. Gemüse ca. 5 Min. mitdünsten. **1 TL Kreuzkümmel (Cumin), 1 EL Sojasauce, 1 TL Salz, ¼ TL Pfeffer, 2 geh. EL Crème fraîche** unterrühren.

Die Füllung auf dem Teig verteilen, dabei einen 1 cm breiten Rand freilassen.

Den restlichen Teig in Größe der Springform ausrollen, daraufgeben, am Rand festdrücken und ein paar Kreuze einschneiden.

1 Eigelb verrühren und auf den Teig streichen. Mit **Sesam** bestreuen und backen.

Backzeit: 200° 10 Min., 180° ca. 20 Min.

Käsebissen

Selbstgemacht und doch viel Zeit für Ihre Gäste!

Ein reines Vergnügen für begeisterte Käse-Esser, ganz heiß aus dem Ofen, lauwarm oder kalt. Geben Sie auch mal Champignons zur Masse. Ein gemischter Salat passt ebenfalls sehr gut dazu.

Ich bereite die Masse immer am Vortag zu, damit sie schön durchgezogen ist. Sie eignet sich auch gut zum Einfrieren und schmeckt auch ohne Zwiebeln.

Danke an Claudia Probst für dieses leckere und schnell zubereitete Rezept.

4 Eier hart kochen und kalt werden lassen.

ca. 150 g Gouda in Stücken im Mixtopf zerkleinern und umfüllen.	5 Sek. / Stufe 10
2 Zwiebeln halbiert im Mixtopf zerkleinern.	3 Sek. / Stufe 5
180 g weiche Butter in Stücken, **100 g Sahnestreichkäse (Schmelzkäse)** unterrühren.	3 Sek. / Stufe 5
2 kleine Essiggurken, die gekochten Eier, **200 g Sahne, 1¼ TL Salz, etwas Pfeffer** untermischen.	3 Sek. / Stufe 3 (TM31) 3 Sek. / Stufe 4 (TM5)

Den Belag auf die Baguettescheiben streichen, auf mit Backpapier belegte Bleche geben, mit Gouda bestreuen und backen.

Backzeit: 160° (Umluft), ca. 15 Min.

Der Belag reicht für ca. **2 Baguettes oder 10 - 12 Baguettesemmeln** (kann auch beides vom Vortag sein).

Mit frisch gemahlenen Chilischoten bestreut einfach nur ein Traum!

Käsebrot mal anders

Käseküche für Genießer, ein knuspriges Brot einfach nur zum Dahinschmelzen!

Frisch aus dem Ofen finde ich es am besten. Nach dem Backen bestreue ich es gerne noch mit Chilipulver. Mein Favorit: mit Kürbiskernen.

Der wohl vielseitigste Teig ist der Hefeteig. Er ist einfach herzustellen, benötigt nur wenige Zutaten und schmeckt in allen möglichen Varianten.

Legen Sie Hefe nicht in das Butterfach (Türe) des Kühlschranks, dort wird sie schnell schimmelig.

Belag:
300 g Emmentaler in Stücken
im Mixtopf zerkleinern
und umfüllen. 8 Sek. / Stufe 8

Teig:
370 g Weizenmehl Type 405,
½ W. Hefe, 1 TL Salz,
230 g lauwarmes Wasser
im Mixtopf verkneten. 2 Min. / Knetstufe

Den Teig im Mixtopf 30 Min. gehen lassen.

Auf einem gefetteten Blech (35 x 40 cm) ausrollen. Mit **200 g Schmand** bestreichen und den geriebenen Käse darauf verteilen.

Je nach Geschmack mit **Sonnenblumen-** oder **Kürbiskernen** bestreuen und backen.

Backzeit: 220°, ca. 20 Min.

Je nach gewünschter Bräunung des Käses.

Käsefüße

Mmh... ofenfrisch auf den Tisch!

Am gleichen Tag sind sie am besten. Oder die Plätzchen im Ofen 5 Min. bei 180° aufbacken.

Wie auch im wahren Leben: Kein Fuß sieht aus wie der andere.

Ausgefallene Ausstechformen finden Sie z.B. auf Christkindlmärkten. Kleeblätter als Glückskekse, Herzen zum Muttertag oder Sterne an Weihnachten, die Formen einfach beliebig wählen.

Fürs Buffet: Käse mit Formen ausstechen.

Teig:

250 g Emmentaler in Stücken
im Mixtopf zerkleinern. 10 Sek. / Stufe 10

250 g Weizenmehl Type 405,
1 gestr. TL Backpulver,
1 geh. TL Salz, ¼ TL Paprikapulver edelsüß, 1 Ei, 130 g Sahne,
130 g kalte Butter in Stücken
zugeben und unterkneten, Spatel
zum Mitrühren verwenden. 30 Sek. / Stufe 5

Den weichen Teig abgedeckt 2 Stunden kalt stellen.

Auf leicht bemehlter Arbeitsfläche ½ cm dick ausrollen, Füße ausstechen und auf mit Backpapier belegte Bleche geben.

Noch schneller geht's, wenn Sie den Teig ausrädeln.

2 Eigelbe verrühren und die Plätzchen damit bestreichen. Mit **Kümmel, Mohn, Sesam, Schwarzkümmel, Paprikapulver edelsüß** oder **gehackten Walnüssen** bestreuen und backen.

Backzeit: 180°, ca. 15 Min.

Menge: 140 Stück

Käse-Muffins

Großer Auftritt für die Minis, serviert in einer Serviette!

Danke an Kathrin Haas fürs Servietten basteln.

Für diese köstlichen Teilchen müssen Sie nicht lange in der Küche stehen.

In einem Muffinblech kann man nicht nur Süßes backen. Mit diesen pikanten, handlichen Leckerbissen liegen Sie immer richtig. Und nicht nur heiß, sondern auch kalt ein Genuss. Essen Sie dazu Salatgurken und Tomaten, mit etwas Balsamicocreme vermischt, das schmeckt so richtig gut.

100 g Parmesan in Stücken
im Mixtopf zerkleinern
und umfüllen. 8 Sek. / Stufe 10

40 g Walnüsse hacken
und umfüllen. 1 - 2 Sek. / Stufe 6

3 Lauchzwiebeln in Stücken
zerkleinern und umfüllen. ca. 2 Sek. / Stufe 5

Teig:
2 Eier, 200 g Doppelrahm-Frischkäse, 130 g Milch,
80 g Öl, 1½ TL Salz, ¼ TL Pfeffer,
1 gestr. TL Paprikapulver
rosenscharf verrühren. 20 Sek. / Stufe 4
200 g Weizenmehl Type 405,
2 TL Backpulver, zerkleinerte Zutaten unterrühren. 10 Sek. / Stufe 4

Eine Muffinform mit **Papierförmchen** auslegen, den Teig darin verteilen und backen.

Backzeit: 180°, ca. 25 Min.

Menge: 12 Stück

In der Form 5 - 10 Min. abkühlen lassen, mit einem Esslöffel herausheben und warm servieren (siehe auch Tipp auf der linken Seite).

Käseplätzchen

Raus aus dem Ofen, rein in den Mund!

Schnell und unkompliziert zaubern Sie diese Plätzchen. Sie dürfen zu einem Glas Rotwein nicht fehlen. Manchmal entstehen auch ganz lustige Figuren (vorne im Bild).

Schmecken warm und kalt. Sie können sie im Ofen nochmals ca. 5 Min. bei 180° aufbacken. Am besten, Sie nutzen dabei die Restwärme.

Sollten doch mal Plätzchen übrig bleiben, machen Sie fein schmeckendes Paniermehl daraus.

Teig:

220 g Emmentaler in Stücken im Mixtopf zerkleinern. 10 Sek. / Stufe 10

200 g Weizenmehl Type 405, ¾ TL Salz, 200 g kalte Margarine zugeben und verkneten, Spatel zum Mitrühren verwenden. 50 Sek. / Stufe 5

Evtl. kalt stellen.

Aus dem Teig kleine Kugeln formen und auf zwei mit Backpapier belegte Bleche geben.

1 Eigelb verrühren und die Plätzchen damit bestreichen. Mit **Curry, Paprikapulver edelsüß, Mohn, Sesam, gehackten Walnüssen** oder **Mandeln, geriebenem Käse** oder **Sonnenblumenkernen** bestreuen bzw. mit halbierten **Walnüssen** belegen und backen.

Backzeit: 180°, ca. 20 Min.
oder 160° Umluft (für mehrere Bleche gleichzeitig)

Menge: ca. 65 Stück

In einer Blechdose verpackt halten sie etwa eine Woche, jedoch je frischer, desto besser.

Käserolle

Bringen Sie Ihre Gäste zum Staunen!

Ein raffiniert gefüllter Käse, der viel her macht, aber nur ganz wenig Mühe.

Die Rolle lässt sich sehr gut bereits zwei Tage vor der Party zubereiten.

Geben Sie scharfen Senf je nach Ihrem Geschmack dazu.

Legen Sie zum Käse ein Stück Würfelzucker in die Käseglocke. Der Zucker nimmt Feuchtigkeit auf und beugt Schimmel vor.

3 Eier hart kochen und kalt werden lassen.

300 g Gouda (9 Scheiben) etwas dicker schneiden lassen.

Auf **Alufolie** 3 x 3 Scheiben auslegen; Scheiben etwas überlappend.

Füllung:
½ Zwiebel im Mixtopf zerkleinern. ca. 3 Sek. / Stufe 5
70 g Essiggurken, 100 g weiche Margarine, die gekochten Eier,
50 g Sahnestreichkäse (Schmelzkäse),
20 g scharfen Senf, ½ TL Salz
zugeben und vermischen. 3 Sek. / Stufe 4

Die Hälfte der Füllung auf dem Käse verstreichen.

Mit **150 g gek. Schinken** belegen und die restliche Füllung daraufgeben.

Alles zusammenrollen, in Alufolie wickeln und über Nacht durchziehen lassen.

In Scheiben schneiden und auf **Baguettescheiben** oder einer Platte anrichten.

Mit **Petersilie** dekorieren.

Menge: ca. 22 Stück

Schnellvariante: 150 g Gouda und 150 g Schinken zerkleinern, mit der Füllung vermischen und als Aufstrich genießen.

Käserosette

Sie ist schnell zubereitet und immer eine Sünde wert!

Ganz frisch servieren. Dazu passt z.B. ein Tomatensalat. Meistens backe ich nur einzelne Schnecken, da sie „handlicher" sind.

Mit einer Winkelpalette (siehe Foto) lassen sich die Füllungen sehr gut verstreichen.

Schöne Dekoration: Kaffeebohnen und ein Teelicht in ein kleines Glas geben. Farbe der Kerzen passend zum Geschirr oder zur Serviette wählen.

Teig:
300 g Weizenmehl Type 405, 1 geh. TL Salz, ½ TL Pizzagewürz, 1 geh. TL Trockenhefe, 30 g Olivenöl, 180 g lauwarmes Wasser
im Mixtopf verkneten. 1 Min. / Knetstufe

Den Teig im Mixtopf ca. 30 Min. gehen lassen.

Füllung:
220 g Emmentaler in Stücken, **1 Knoblauchzehe** im Mixtopf zerkleinern. 8 Sek. / Stufe 8
300 g Doppelrahm-Frischkäse mit Kräutern, 20 g Olivenöl, ¼ TL Salz unterrühren. 10 Sek. / Stufe 3

Den Teig auf bemehlter Arbeitsfläche ausrollen (30 x 40 cm) und die Füllung darauf verstreichen. Von der Längsseite her aufrollen, in 2 - 3 cm dicke Scheiben schneiden, auf mit Backpapier belegte Bleche zu einer Rosette formen bzw. einzeln daraufgeben und die Bleche nacheinander backen.

Backzeit: 200°, ca. 25 – 30 Min.

Menge: ca. 22 Stück

Kraut-Kartoffelkuchen

Kein Wunder, dass herzhafte Kuchen so beliebt sind, denn die haben richtig was drauf!

Mega-lecker und saftig, warm und kalt ein Genuss. Eignet sich auch gut zum Einfrieren.

2 Zwiebeln halbiert im Mixtopf zerkleinern und umfüllen. 3 Sek. / Stufe 5

Saft einer ½ Zitrone,
400 g rohe Kartoffeln (ohne Schale gewogen)
in Stücken zerkleinern und umfüllen. 3 Sek. / Stufe 8

Teig:
200 g Margarine, 4 Eier, 2 TL Salz, ½ TL Pfeffer, 1 TL Paprikapulver edelsüß im Mixtopf cremig rühren. 30 Sek. / Stufe 5
350 g Weizenmehl Type 405, 1 P. Backpulver, 200 g Milch, Kartoffeln und die Hälfte der Zwiebeln unterrühren, Spatel zum Mitrühren verwenden. 20 Sek. / Stufe 5

Den Teig auf ein gefettetes Blech (30 x 40 cm) mit Backrahmen streichen und vorbacken.

Backzeit: 200°, 20 Min.

Belag:
Restliche Zwiebeln in **etwas Öl** anbraten, **1 große D. Sauerkraut** ausgedrückt, 5 Min. mitschmoren.

Je **1 rote** und **grüne Paprikaschote** in Stücken zerkleinern. 1 - 2 Sek. / Stufe 4 (TM31)
1 - 2 Sek. / Stufe 5 (TM5)

Abtropfen lassen, in die Pfanne geben. **300 g Cabanossi** kleingeschnitten, **ca. ½ TL Salz, etwas Pfeffer** zugeben und kurz mitbraten. Auf den vorgebackenen Teig geben.

Guss:
200 g Sahne, 250 g Crème fraîche, 1½ TL Salz, etwas Pfeffer vermischen. 10 Sek. / Stufe 3

Den Guss darübergießen und weitere 25 - 30 Min. bei gleicher Temperatur backen.

Krautsalat auf Vorrat
Bayerischer Krautsalat

Ein Partyrenner, der auf keiner Feier fehlen darf!

Diesen Salat können Sie sehr gut vorbereiten. Er hält sich etwa 5 - 6 Tage im Kühlschrank.

Ich zerkleinere meistens eine Hälfte Kraut auf Stufe 4 - 5 und die andere Hälfte auf Stufe 5.

Sie können auch noch Äpfel, Karotten und Walnüsse zugeben, dann jedoch die Schinken- bzw. Speckwürfel weglassen.

1 kg Weißkraut in Stücken
in 2 Arbeitsgängen im Mixtopf zerkleinern. ca. 4 Sek. / Stufe 4 - 5

Das Kraut in eine Schüssel mit Deckel umfüllen.

100 g Öl, 60 g Zucker,
180 g weißen Balsamicoessig, 4 TL Salz im Mixtopf aufkochen. ca. 4 Min. / Dampfg. / Stufe 1

Den sprudelnd kochenden Sud über das Kraut gießen, umrühren und 1 Tag zugedeckt ziehen lassen.

150 g rohe Schinken- oder Speckwürfel in einer Pfanne ohne Öl kross braten und kurz vor dem Servieren über den Salat geben bzw. untermischen.

Probieren Sie auch den lauwarmen bayerischen Krautsalat (ohne Foto), er schmeckt sowohl ganz frisch als auch gut durchgezogen.

2 Zwiebeln halbiert im
Mixtopf zerkleinern. ca. 3 Sek. / Stufe 5
100 g rohe Schinken- oder Speckwürfel, 40 g Öl
zugeben und dünsten. 3 Min. / Dampfg. / Stufe 1
500 g Weißkraut in Stücken,
70 g weißen Balsamicoessig,
40 g Wasser, 1 TL Salz, 1 TL Zucker
zugeben und zerkleinern. ca. 4 - 5 Sek. / Stufe 4 - 5

Lachs-Lauch-Quiche

Auch prima als Vorspeise, warm servieren!

Meine Testesser waren alle begeistert. Am besten einfach selbst ausprobieren.

Als Platzkärtchen für Feiern: Schreiben Sie die Namen der Gäste auf Holzklammern und stecken diese an eine Serviette bzw. an die Gläser.

Teig:
180 g Weizenmehl Type 405,
½ TL Salz, 100 g Margarine,
120 g Quark (40 %) im Mixtopf
verkneten, mit dem Spatel
evtl. mitrühren. 20 Sek. / Stufe 5

Den Teig in eine gefettete Springform (Ø 26 cm) geben und einen Rand hochziehen.

Belag:
200 g Räucherlachs in
Scheiben im Mixtopf zer-
kleinern und umfüllen. 1 - 2 Sek. / Stufe 4
1 Zwiebel halbiert,
1 Stange Lauch
in Stücken zerkleinern. 3 Sek. / Stufe 5
20 g Olivenöl zugeben
und dünsten. 4 Min. / Dampfg. / Stufe 1
3 Eier, 200 g Schmand,
¼ TL Salz, etwas Pfeffer,
etwas Muskat, den zer-
kleinerten Lachs zugeben
und unterrühren. 10 Sek. / ↶ / Stufe 3

Auf den Teig gießen und backen.

Backzeit: 200°, ca. 40 – 45 Min.

Lachs-Spinat-Rolle mit Dip

Wenig Aufwand, große Wirkung!

Mit diesen dekorativen und feinen Röllchen können Sie sich bei jedem Buffet sehen lassen.

Auch sehr gut als Vorspeise geeignet, die bereits zwei Tage im Voraus zubereitet werden kann.

Den Dip esse ich gerne zu Lachsbrötchen, Salami-semmeln und gekochten Eiern, aber er passt hier auch wunderbar dazu.

Vielen Dank an Catherina Bauer für dieses Rezept.

300 g TK-Blattspinat auftauen lassen.

200 g Emmentaler in Stücken
im Mixtopf zerkleinern
und umfüllen. 8 Sek. / Stufe 8

Teig:
Spinat, **5 Eier, 1 gestr. TL Salz, etwas Pfeffer, etwas Muskat** im Mixtopf vermischen. 15 Sek. / Stufe 6
Den Käse unterrühren. 5 Sek. / Stufe 5

Die Masse auf ein mit Backpapier belegtes Blech streichen (35 x 40 cm) und backen.

Backzeit: 180°, ca. 20 Min.

Die Platte kalt werden lassen. Mit **200 g Doppelrahm-Frischkäse mit Kräutern** bestreichen, mit **200 g Räucherlachs** in Scheiben belegen und von der Längsseite her fest aufrollen.

In Alufolie wickeln und über Nacht im Kühlschrank durchziehen lassen.

Scharfer Dip:
60 g Zucker im Mixtopf pulverisieren. 10 Sek. / Stufe 10
50 g scharfen Senf, 1 geh. TL getr. Dill untermischen. 10 Sek. / Stufe 3

Lachstorte

Mehr als Geschmackssache!

Heiß, lauwarm oder kalt genießen. Ich serviere sie gerne lauwarm.

Partytipp: In 4-eckiger Form bzw. die doppelte Menge auf dem Blech backen, dann lässt sich die Torte gut in kleine Häppchen schneiden.

Die Torte vorbereiten und erst später backen, jedoch die Eier-Milch-Sahne erst kurz vor dem Backen darübergeben.

Teig:

200 g Weizenmehl Type 405, 1 Ei,
120 g Margarine, ½ TL Salz,
1 Pr. Zucker, 30 g Wasser
im Mixtopf verkneten. 30 Sek. / Stufe 5

Den weichen Teig in eine gefettete Springform (Ø 26 cm) geben und einen Rand hochziehen.

Belag:

150 g Schmand, 1 geh. TL Meerrettich vermischen und auf den Teig streichen.

200 g Räucherlachs klein schneiden und darauf verteilen.

Guss:

2 Eier, 15 g Weizenmehl
Type 405, 100 g Milch,
100 g Sahne, 50 g Schmand,
½ TL Salz, etwas Pfeffer,
etwas getr. Dill im
Mixtopf vermischen. 10 Sek. / Stufe 3

Die flüssige Masse auf den Lachs gießen und backen.

Backzeit: 200°, ca. 40 - 45 Min.

Lauchkuchen

Ein beliebter Klassiker, der selbstgemacht doch am besten schmeckt!

Mögen Sie's lieber vegetarisch? Die Schinken- bzw. Speckwürfel einfach weglassen.

Parmesan friere ich gerieben ein und kann ihn so in beliebigen Portionen entnehmen.

Parmesan nicht in Frischhaltefolie lagern, dort wird er schnell schimmelig.

Teig:

200 g Weizenmehl Type 405, 1 Ei,
120 g Margarine, ½ TL Salz,
1 Pr. Zucker, 30 g Wasser
im Mixtopf verkneten. 30 Sek. / Stufe 5

Den Teig in eine gefettete Springform (Ø 26 cm) geben und einen Rand hochziehen.

Belag:

50 g Parmesan im Mixtopf
zerkleinern und umfüllen. 5 Sek. / Stufe 10

500 g Lauch (3 - 4 Stangen)
in Stücken in 2 Arbeitsgängen
im Mixtopf zerkleinern. ca. 3 Sek. / Stufe 5
50 g rohe Schinken- oder Speckwürfel, 30 g Weißwein, 30 g Öl,
½ TL Salz, etwas Pfeffer
zugeben und dünsten. 8 Min. / Dampfg. / ∩ / Stufe 1

Das Ganze im Gareinsatz oder einem Sieb abtropfen lassen und auf den Teig geben.

Guss:

30 g Öl, 150 g Sahne,
100 g Crème fraîche, 2 Eier,
etwas Pfeffer, ¼ TL Salz,
den geriebenen Parmesan
im Mixtopf vermischen. 15 Sek. / Stufe 3

Die flüssige Masse auf den Lauch gießen und backen.

Backzeit: 200°, ca. 35 - 40 Min.

Mexicostrudel / Mexicoecken

Da geht sicher niemand hungrig nach Hause! Auch für Überraschungsgäste gut geeignet.

Absolut spitzenmäßig im Geschmack, vor allem frisch aus dem Ofen. Die Hackfleisch-Masse vorbereiten, jedoch erst kurz vor dem Backen füllen.

Die fertigen, nicht gebackenen Strudel friere ich gerne ein (hierfür Füllung abkühlen lassen und dann erst aufrollen) und gebe sie gleich gefroren, z.B. für Gäste oder den „kleinen Hunger zwischendurch", in den heißen Ofen (erst vor dem Backen mit Eigelb bestreichen). Backzeit: ca. 30 Min.

2 kleine Chilischoten mit Kernen
im Mixtopf zerkleinern. ca. 10 Sek. / Stufe 10
2 Zwiebeln halbiert
zugeben und zerkleinern. 3 Sek. / Stufe 5
40 g Öl zugeben und dünsten. 3 Min. / Dampfg. / Stufe 1
500 g gem. Hackfleisch mitdünsten. 5 Min. / Dampfg. / ↶ / Stufe 1
100 g Tomatenmark,
1 D. Kidneybohnen, 1 D. Mais,
jeweils gut abgetropft, **2½ TL Salz,**
½ TL Pfeffer, 1 TL Paprikapulver edelsüß, evtl. Paprikapulver scharf
mit dem Spatel untermischen
und erwärmen. 2 Min. / 100° / ↶ / Stufe 1
Auf 2 Teller umfüllen und etwas abkühlen lassen.

Mexicostrudel:
3 Rollen Blätterteig (à 275 g, aus dem Kühlregal, erst kurz vor Gebrauch aus dem Kühlschrank nehmen!) ausrollen, evtl. halbieren, einen Streifen für die Deko ausrädeln, Füllung darauf verstreichen, 2 cm Rand freilassen, mit Hilfe des Papiers aufrollen und auf mit Backpapier belegte Bleche geben. Mit den Streifen dekorieren. **2 Eigelbe** mit **1 TL Milch** verrühren, den Blätterteig damit bestreichen und nacheinander backen.

Mexicoecken:
900 g TK-Blätterteig (am besten Quadrate) 10 Min. auftauen lassen, Füllung daraufgeben, zusammenklappen und festdrücken, mit **Eigelb** bestreichen und backen.

Backzeit: jeweils 200°, ca. 25 – 30 Min.

Mohncracker

Macht Mohn süchtig? Ja, zumindest in diesen traumhaften Crackern!

Sehr gut als Willkommenshäppchen oder Vorspeise geeignet; ohne Belag zu Bier oder Wein.

Füllen Sie den Frischkäse in Schälchen und stellen ihn mit den Crackern zum „Selberschmieren" auf den Tisch.

Der Teig klebt nicht und ist super zum Verarbeiten. Die Cracker sind auch ganz schnell fertig.

Teig:
300 g Weizenmehl Type 405,
1 gestr. TL Backpulver,
1 gestr. TL Salz, 1 Pr. Zucker,
180 g kalte Butter in Stücken,
20 g kaltes Wasser, 50 g Sauer-rahm, 1 Eigelb, etwas Muskat, etwas Pfeffer, 60 g Mohn
im Mixtopf verkneten. 40 Sek. / Stufe 5

Den Teig abgedeckt 1 Stunde kalt stellen. Auf leicht bemehlter Arbeitsfläche 2 - 3 mm dick ausrollen und mit einer Gabel regelmäßig einstechen.

Mit einem Teigrädchen Rauten oder beliebige Formen ausschneiden (geht am schnellsten) oder mit Plätzchenformen ausstechen, auf mit Backpapier belegte Bleche geben und backen.

Backzeit: 180°, ca. 10 - 12 Min.

Mit **Doppelrahm-Frischkäse mit Kräutern** garnieren (Sahnespritze) und mit **Mohn** bestreuen bzw. noch ein Stück **Räucherlachs** und **Petersilie** oben daraufgeben.

Menge: ca. 100 Stück

Aufbewahrt in einer Blechdose halten sich die Plätzchen (ohne Garnierung) sehr gut und können auch schon ein paar Tage vorher gebacken werden.

Morgenmuffelchen

Bleiben Ihre Gäste zum Frühstück? Kein Problem!

Mit diesen Semmeln sind Sie gleich gut gerüstet und müssen am Morgen nicht hundemüde in der Küche stehen. Ein Rest Aufstrich, ein paar Scheiben Wurst, irgendetwas ist bestimmt noch vom Vortag übrig. Ansonsten gibt's einfach Butter und Marmelade dazu.

Natürlich auch für die Party geeignet. Ich nehme sie auch gerne zu Freunden mit, da man sie gut transportieren kann.

Teig:
420 g Weizenmehl Type 550,
20 g Hefe, 250 g lauwarmes
Wasser, 1½ TL Salz,
1 TL Zucker, 10 g Öl
im Mixtopf verkneten. 2 Min. / Knetstufe

Eine Springform (Ø 26 cm) mit Backpapier auslegen, den Rand fetten und **1 EL Haferflocken** auf den Boden streuen.

Den Teig in 8 Stücke teilen, zu Kugeln formen und in die Form legen; die Teiglinge müssen sich nicht berühren. Mit Wasser bepinseln und mit **Mohn, Sesam, Leinsamen, Sonnenblumen-, Kürbiskernen, Kümmel, Schwarzkümmel** und **Haferflocken** bestreuen.

Die Form mit Alufolie abdecken und über Nacht kalt stellen.

Am nächsten Morgen nur noch die Folie entfernen und backen.

Den Ofen nicht vorheizen!

Backzeit: 180° (Umluft), ca. 30 - 35 Min.

Nudelsalat

Ein Klassiker mit leicht fruchtiger Note!

Der Salat schmeckt auch ohne Nudeln gut, dann alle Zutaten mit dem Messer in kleine Würfel schneiden und weniger Mayonnaise verwenden.

Die Zutaten können Sie natürlich auch für den Nudelsalat mit der Hand schneiden; mir dauert es jedoch zu lange.

Schrecken Sie die Eier kalt ab, dann lassen sie sich leichter schälen. Möchten Sie Eier aufbewahren, nicht abschrecken, denn ansonsten können Keime durch die poröse Schale gelangen.

250 g (bunte) Spiralnudeln nach Packungsanweisung, **3 Eier** hart kochen und beides kalt werden lassen.

200 g Emmentaler, 1 Scheibe Leberkäse (ca. 200 g), ½ Salatgurke ohne Kerne, jeweils in Stücken, **1 große Tomate** geviertelt
im Mixtopf zerkleinern. ca. 5 Sek. / Stufe 5

200 g Joghurt-Mayonnaise,
100 g Naturjoghurt (3,5 %),
10 g scharfen Senf, 2 TL Curry,
etwas Pfeffer, 1 geh. TL Salz,
20 g Balsamicoessig, ½ D. Mais,
gut abgetropft, zugeben und alles vermischen, Spatel zum Mitrühren verwenden. ca. 10 Sek. / ↶ / Stufe 3

Die Masse in eine große Schüssel füllen.

Die gekochten Eier
im Mixtopf zerkleinern. 3 Sek. / Stufe 3

1 D. Mandarinen (gut abgetropft) mit einem Messer klein schneiden.

Alles mit den Nudeln vorsichtig vermischen und ein paar Stunden ziehen lassen.

Wer keine weitere Verwendung für den Mais hat, gibt den Rest einfach noch dazu. Ich esse Mais gerne zu einem gemischten Salat oder zu Hackfleischsoßen.

Nudelsalat vegetarisch

Ein etwas anderer Nudelsalat und nicht nur für Vegetarier geeignet!

Der Knoblauch macht einen ganz besonderen Geschmack und gehört auch unbedingt dazu.

Sollte der Salat am nächsten Tag zu trocken sein, etwas lauwarme Gemüsebrühe untermischen.

Bei jedem Gericht können Sie die getrockneten Kräuter natürlich gegen frische austauschen, ich verwende meistens getrocknete, da es in meinem Kräutergarten gar nicht so gut aussieht.

400 g Nudeln nach Packungsanweisung kochen und kalt werden lassen.

1 Knoblauchzehe im
Mixtopf zerkleinern. 2 Sek. / Stufe 10
2 EL getr. Petersilie,
400 g Schmand, ½ TL Salz,
etwas Pfeffer unterrühren. 5 Sek. / Stufe 4
Gerät einstellen auf 1½ Min. / Stufe 6

TM31: **80 g Olivenöl** langsam einlaufen lassen, ohne den Messbecher abzunehmen (das Öl auf den Deckel gießen).

TM5: **80 g Olivenöl** langsam einlaufen lassen, dabei den Messbecher etwas anheben (das Öl auf den Deckel gießen).

In eine große Schüssel umfüllen.

100 g Weißkraut, 100 g Emmentaler,
100 g Möhren, 100 g rote Paprikaschoten, jeweils in Stücken,
80 g Wasser, 1 TL Gemüsebrühe,
ca. 1 TL Salz, ¼ TL Pfeffer
im Mixtopf zerkleinern. 3 - 5 Sek. / Stufe 5

In die Schüssel geben, alles vorsichtig mit den Nudeln vermischen und gut durchziehen lassen.

Tolle Abwandlung: Nur 250 g Nudeln, ½ - 1 TL Salz, 200 g Schinken, 3 bunte Paprika, jeweils zerkleinert, mit der Schmandcreme vermischen (ohne Weißkraut etc).

Nudel-Soufflé

Wann gibt's mal wieder Nudeln? Mein absoluter Favorit, einfach nur spitzenmäßig, auch für Kinder!

Haben Sie nicht so viele Förmchen, den Rest in eine kleine Auflaufform geben bzw. wenn's schnell gehen soll, alles in eine Auflaufform füllen. Ist auch ein prima Mittagessen.

Servieren Sie die Soufflés in einer zur Blume gefalteten Serviette. Sieht auch mit Muffins sehr dekorativ aus oder z.B. an Ostern mit gefärbten Eiern.

250 g Hörnchennudeln nach Packungsanweisung kochen und abtropfen lassen.

200 g Emmentaler in Stücken im
Mixtopf zerkleinern, umfüllen. 8 Sek. / Stufe 10

3 Frühlingszwiebeln in Stücken,
1 Knoblauchzehe zerkleinern. 1 - 2 Sek. / Stufe 5 (TM31)
3 Sek. / Stufe 5 (TM5)

In einer Pfanne mit **etwas Öl** anbraten. **200 g frische Champignons** (ungeputzt gewogen) in Scheiben geschnitten mit anbraten.

2 rote Paprikaschoten
in Stücken zerkleinern. 1 Sek. / Stufe 4 (TM31)
1 - 2 Sek. / Stufe 5 (TM5)

200 g gek. Schinken
in Stücken zerkleinern. 1 Sek. / Stufe 4 (TM31)
1 - 2 Sek. / Stufe 5 (TM5)

Beides zu den Zwiebeln geben und kurz mitbraten.

3 Eier, 250 g Sahne,
1 TL Basilikum, 1 TL Salz,
¼ TL Pfeffer vermischen. 10 Sek. / Stufe 3

Mit den Nudeln und dem Käse in der Pfanne vermischen, in 15 Soufflétörmchen füllen und backen. Backzeit: 180°, ca. 15 Min.

Aus dem Ofen nehmen, 5 - 10 Min. ruhen lassen und dann servieren, da finde ich sie am allerbesten. Kalt werden Sie durch die Eier fest und können gut aus der Form entnommen werden.

Paprika-Frischkäse-Schiffchen

So schmeckt der Frühling!

Kleiner Aufwand, große Wirkung, damit verwöhnen Sie liebe Gäste oder natürlich sich selbst.

Eine Hälfte der Creme fülle ich in die Schoten, die andere Hälfte serviere ich in einer Schüssel und stelle Paprikastreifen zum Dippen dazu.

Füllen Sie damit ganze, längliche Paprikaschoten, gut durchkühlen lassen, in Scheiben schneiden und auf Salatblättern anrichten.

4 kleine Paprikaschoten bunt vierteln und die weißen Scheidewände entfernen.

Füllung:
50 g Möhren, 30 g Lauch,
jeweils in Stücken
im Mixtopf zerkleinern. 3 Sek. / Stufe 5 (TM31)
4 - 5 Sek. / Stufe 5 (TM5)

300 g Doppelrahm-Frischkäse,
½ TL Salz, etwas Pfeffer,
¼ TL Paprikapulver edelsüß
untermischen. 5 Sek. / Stufe 3

Die Paprikaschoten mit der Creme füllen und mit **Karotten, Petersilie** oder **Schnittlauchröllchen** dekorieren.

Auf **Salatblättern** anrichten.

Die Schiffchen können auch mit beliebigen Cremes gefüllt werden.

Parmesan-Knoblauch-Baguette

Er ist der „Chef" auf der Genießer-Tafel; mit Parmesan ein würziges Erlebnis!

Ganz urig: Ich stelle das heiße Brot im Ganzen auf den Tisch, und jede(r) kann sich einfach etwas abschneiden.

Neulich habe ich die Reste auf Baguettescheiben gestrichen und gebacken. Mmh, ich glaube, das hat mir fast noch besser geschmeckt, probieren Sie einfach beides aus.

Füllung:
150 g Parmesan in Stücken,
3 Knoblauchzehen im Mixtopf zerkleinern und umfüllen. 8 Sek. / Stufe 10

100 g Salami in Stücken zerkleinern. 4 Sek. / Stufe 4
250 g Ricotta, 100 g Milch,
100 g weiche Butter,
2 TL Salz, ½ TL Paprikapulver edelsüß, ½ TL Paprikapulver rosenscharf, ¼ TL Pfeffer,
den geriebenen Parmesan untermischen. 10 Sek. / Stufe 3

3 Baguettes alle 3 cm tief einschneiden. Die Schnittstellen etwas aufklappen und mit der Füllung bestreichen.

Die Brote in **Alufolie** wickeln und backen.

Backzeit: 220°, ca. 15 Min.

Das Brot ist in nur 15 Min. fertig, deshalb backe ich bei Bedarf immer wieder eines auf.

Den Belag bereits am Morgen herstellen. Reste einfrieren. Oder noch besser das fertig geschmierte Brot in Alufolie wickeln, einfrieren und im vorgeheizten Ofen in ca. 50 Min. aufbacken.

Parmesan-Stangen

Einfach zum Anbeißen, schnell, einfach und hervorragend im Geschmack!

Erinnert mich an Blätterteig. Je frischer desto besser. Oder Sie backen die Stangen ca. 5 Min. im Ofen bei 180° nochmals auf.

Der Teig kann auch schon am Vortag zubereitet werden.

Kaum rückt das Essen näher, schon verschwindet die Deko vom Tisch. Das passiert Ihnen mit diesen Minivasen sicherlich nicht. Sie sehen dekorativ aus und nehmen keinen Platz weg.

Teig:
150 g Parmesan in Stücken
im Mixtopf zerkleinern. 8 Sek. / Stufe 10

5 EL davon zum Bestreuen umfüllen.

200 g Weizenmehl Type 405,
200 g kalte Butter in Stücken,
200 g Magerquark, etwas Pfeffer,
etwas Muskat, ca. ½ TL Salz
zugeben und verkneten. 30 Sek. / Stufe 5

Den weichen Teig abgedeckt 2 Stunden kalt stellen.

Auf gut bemehlter Arbeitsfläche ½ cm dick ausrollen und mit dem restlichen Käse bestreuen.

Je einen Teil mit **Sesam, Mohn, gehackten Walnüssen** oder **Pistazien** bestreuen und mit dem Nudelholz mehrmals darüberrollen. Mit einem Teigrädchen in 1 cm breite Streifen (5 - 6 cm lang) schneiden, auf drei mit Backpapier belegte Bleche verteilen und backen.

Backzeit: 160° (Umluft), ca. 20 - 25 Min.

Menge: ca. 70 Stück

Partybaguette

Ideal, wenn die Zeit knapp ist!

Schnell, einfach, lecker. Der Belag lässt sich super vorbereiten. Wenn die Gäste kommen, den Belag aufs Brot schmieren und kurz in den Ofen. Die Reste am nächsten Tag verwenden oder einfrieren.

Das nimmt jeder persönlich, macht kaum Arbeit und freut die Gäste: Namensschilder mit beliebigen Klammern an Servietten befestigen.

1 Knoblauchzehe, 1 Zwiebel halbiert, **300 g Gouda, 250 g gek. Schinken,** jeweils in Stücken, **80 g weiche Butter, 100 g Naturjoghurt (3,5 %), 200 g Sahne, ¾ TL Salz, etwas Pfeffer, ½ TL Paprikapulver edelsüß, ¼ TL Paprikapulver rosenscharf** im Mixtopf vermischen. ca. 5 Sek. / Stufe 5

Sollten Sie nachwürzen: Zum Unterrühren auf Linkslauf, Stufe 3 stellen, somit werden die Zutaten nicht weiter zerkleinert.

1½ Baguette (kann auch vom Vortag sein) längs aufschneiden, die Masse darauf verteilen und backen.

Ich nehme meistens 1 Baguette und dazu ein paar Semmeln und backe sie in mehreren Etappen auf.

Backzeit: 220°, ca. 15 Min.

Bestreuen Sie das Baguette nach dem Backen mit **Schnittlauchröllchen** oder noch besser, reichen Sie die Röllchen einfach dazu.

Partyrad mit Sauerkraut

Rustikaler Sattmacher, saftig, deftig, lecker!

Schmeckt gut zu Bier oder Wein. Oder zur Brotzeit, z.B. mit etwas Butter und einer Scheibe Gouda oder ganz ohne etwas dazu.

Sie sind auch nach zwei Tagen immer noch ganz frisch.

Formen Sie ganz kleine Semmeln. Die Backzeit verringert sich dadurch etwas.

Bleibt noch etwas übrig: Trocknen lassen und ein würziges Paniermehl daraus zaubern.

1 Zwiebel halbiert
im Mixtopf zerkleinern. 3 Sek. / Stufe 5

In einer Pfanne ohne Öl mit **250 g rohen Schinken- oder Speckwürfeln** anbraten und etwas abkühlen lassen.

Teig:
130 g Milch, 120 g Wasser,
50 g Butter, 1 W. Hefe
im Mixtopf erwärmen. 2 Min. / 37° / Stufe 2
520 g Weizenmehl Type 405,
2 gestr. TL Salz, 120 g rohes
Sauerkraut ausgedrückt,
Zwiebel-Speck-Gemisch
zugeben und verkneten. 2 Min. / Knetstufe

Semmeln (14 Stück à 70 g) mit bemehlten Händen formen und als Partyrad (ca. 1 cm Abstand zwischen den Semmeln) bzw. als Stangerl auf ein mit Backpapier belegtes Blech geben. 25 Min. zugedeckt gehen lassen und anschließend backen.

Backzeit: 200°, ca. 25 - 30 Min.

Tipp: Ich verwende meistens **200 g Sauerkraut**, da schmeckt's mir sogar noch besser. Der Teig lässt sich dann nicht mehr so gut formen, deshalb den Teig mit einem Esslöffel abstechen und auf ein Blech geben.

Partyzopf

Gemütlichkeit, die man schmeckt, einfach nur lecker, man könnte sich gleich reinsetzen!

Mit diesem saftigen Zopf liegen Sie immer richtig, ob fürs Buffet oder für eine gemütliche Runde zu Bier oder Wein.

Da brauchen Sie nix mehr dazu. Genießen Sie ihn gleich lauwarm. Anstelle von Speck z.B. getrocknete, in Öl eingelegte Tomaten verwenden.

Den Rand bei Hefeteigen nach dem Ausrollen nach innen schlagen und nochmals nach innen darüberrollen, somit ergibt sich ein schönes Rechteck.

Teig:
400 g Milch, 1 TL Zucker,
1 W. Hefe im Mixtopf
erwärmen. 2 Min. / 37° / Stufe 1
600 g Weizenmehl
Type 405, 2 geh. TL
Salz verkneten. 2 Min. / Knetstufe

Den Teig im Mixtopf ca. 1 Std. gehen lassen. Dritteln und zu Rechtecken à 25 x 40 cm ausrollen.

Jeweils eine Füllung auf einem Rechteck verteilen.

Füllungen:
100 g Emmentaler in
Stücken zerkleinern. 6 Sek. / Stufe 10

150 g Zwiebeln
halbiert zerkleinern. 3 Sek. / Stufe 5
30 g Butter zugeben
und dünsten. 2 Min. / Dampfg. / Stufe 1

150 g Schinken- oder
Speckwürfel, 20 g Butter
dünsten. 2 Min. / Dampfg. / Stufe 1 (TM31)
3 Min. / 100° / Stufe 1 (TM5)

Jeweils von der Längsseite her aufrollen, auf ein mit Backpapier belegtes Blech legen und zu einem Zopf flechten. Mit **etwas Milch** bepinseln, mit **Hagelsalz** und **Kümmel** bestreuen und backen.

Backzeit: 200° 30 Min., 180° ca. 10 - 15 Min.

Pizza

Einfach super! Pizza schmeckt immer und überall.

Ich bereite sie am Vormittag zu, stelle sie kühl und wenn die Gäste kommen, schiebe ich sie nur noch in den Ofen, also die Pizza meine ich natürlich. Bei mir hat eine Pizza immer nach „nix" geschmeckt, bis ich dieses spitzenmäßige Rezept bekommen habe. Vielen Dank an Irmgard Pflegerl.

Diese Pizza ist nicht gerade ein Diätschnittchen, aber genau deshalb schmeckt sie so gut. Ich habe sie auch schon mit Halbfettprodukten ausprobiert, leider war sie dann auch nur halb so gut.

Teig:
250 g Weizenmehl Type 405,
150 g Milch, ½ TL Salz,
1 geh. TL Trockenhefe,
30 g Öl im Mixtopf verkneten. 2 Min. / Knetstufe

Den Teig auf einem gefetteten Blech (35 x 40 cm) dünn ausrollen und mit 1 **TL Oregano** bestreuen. (Der Teig sieht sehr wenig aus, reicht aber.)

Belag:
Mit **250 g Gouda** in Scheiben, **300 g gek. Schinken, 2 Gläsern Champignons (in Scheiben)** gut abgetropft, **100 g Pizzakäse** belegen.

Mit **2 TL Pizzagewürz** bestreuen und mit **4 in dünnen Scheiben geschnittenen, festen Tomaten** belegen.

125 g Mozzarella im Mixtopf
zerkleinern und daraufgeben. 2 Sek. / Stufe 4

Backzeit: 200°, ca. 40 – 45 Min.

Vor dem Verzehr evtl. mit **frisch gemahlenen Chilischoten** bestreuen.

Zutaten verdoppeln und zwei Pizzen gleichzeitig mit Umluft (180°, ca. 40 Min.) backen, Ich finde jedoch, dass sie nacheinander gebacken noch etwas besser schmecken.

Pizza-Käsebrot

Preiswert und gut!

Haben Sie Lust auf etwas Einfaches? So gut kann ein Brot schmecken.

Schnell und unkompliziert, frisch am besten.

Hier passt die Pizza- oder Gyrossuppe (S. 90) sehr gut dazu oder einfach nur zu Bier oder Wein oder zu einem knackigen Salat.

Belag:
100 g Emmentaler
in Stücken im Mixtopf
zerkleinern und umfüllen. 5 Sek. / Stufe 10

Den Käse für Belag und Teig können Sie auch zusammen zerkleinern, jedoch muss er dann wieder abgewogen werden.

Teig:
100 g Emmentaler
in Stücken zerkleinern. 5 Sek. / Stufe 10
400 g Weizenmehl Type 405,
1 W. Hefe, 1½ TL Salz,
½ TL Zucker, 50 g Öl,
1 EL Pizzagewürz,
250 g lauwarmes Wasser
zugeben und verkneten. 1 Min. / Knetstufe

Den weichen Teig auf einem gefetteten Blech (35 x 40 cm) ausrollen und zugedeckt ca. 30 Min. gehen lassen.

Mit dem Käse und **1 TL Pizzagewürz** bestreuen und backen.

Backzeit: 220°, ca. 15 - 18 Min.

Pizzasemmeln

Ein köstlicher und schnell zubereiteter Snack, beliebt bei Groß und Klein!

Ich finde die Variante „Lisa" am allerbesten.

Die Masse kann gut vorbereitet werden (auch schon am Vortag). Wenn die Gäste eintreffen, den Belag auf die Semmeln streichen und ab in den Ofen.

Bleibt vom Belag etwas übrig, was jedoch meistens nicht der Fall ist, einfach einfrieren. Oder die fertig geschmierten Semmeln einfrieren und bei Bedarf aufbacken, die Backzeit bleibt gleich.

Pizzasemmeln „Christine" (Foto):
250 g Gouda, 200 g gek. Schinken, je 1 rote, grüne und gelbe Paprikaschote, jeweils in Stücken, **15 g Pizzagewürz, 3 scharfe Peperonis, 1 EL Peperonisaft, 200 g Sahne, evtl. etwas Salz** im Mixtopf zerkleinern. 5 - 6 Sek. / Stufe 5

Mit 3 Peperonis haben die Pizzasemmeln eine leichte Schärfe. Nehmen Sie einfach mehr oder weniger nach Ihrem Geschmack.

Den Belag auf halbierte **Semmeln (ges. 10 – 12 ganze Semmeln)** streichen, auf mit Backpapier belegte Bleche geben und backen. (Anstelle von Semmeln Baguette verwenden; kann auch vom Vortag sein. Aufbacksemmeln eignen sich auch sehr gut.)

Backzeit: 180°, ca. 15 Min.
oder 160° Umluft (für mehrere Bleche gleichzeitig)

Pizzasemmeln „Lisa Resch":
150 g Gouda, 100 g Salami, 200 g gek. Schinken, je ½ rote und gelbe Paprikaschote, jeweils in Stücken, **1 kleine Zwiebel** halbiert, **½ Glas Champignons (in Scheiben)** gut abgetropft, **½ TL Salz, etwas Pfeffer, ½ TL Gemüsebrühe, ½ TL Paprikapulver edelsüß, 5 g Tomatenmark, 1 EL Oregano, 100 g Mayonnaise** im Mixtopf zerkleinern. 3 – 5 Sek. / Stufe 5

Pizzasoße

Ein Gruß aus Bella Italia!

Die beste Grundlage für eine Pizza.

Die Soße verschenke ich auch gerne, verpackt in einem schönen Glas mit Aufkleber und Schleife.

Eine sehr schmackhafte Variante: Zwiebeln und Hackfleisch in einer Pfanne anbraten, Paprikastreifen, Zucchinischeiben, Mais etc. zugeben, würzen und mit Pizzasoße vermischen. Dazu serviere ich Reis oder Nudeln.

Die Soße schmeckt auch einfach nur zu Nudeln.

1 Zwiebel halbiert, **60 g Karotten** in Stücken, **1 Knoblauchzehe** im Mixtopf zerkleinern.	3 Sek. / Stufe 5
50 g Olivenöl zugeben und dünsten.	5 Min. / Dampfg. / Stufe 1
1 TL Oregano, $\frac{1}{2}$ TL Pizzagewürz, 1 TL Salz, $\frac{1}{2}$ TL Zucker, $\frac{1}{4}$ TL Pfeffer, 1 EL Brühe, 2 kleine D. geschälte Tomaten (à 400 g) zugeben und zerkleinern.	3 Sek. / Stufe 5
Anschließend aufkochen.	20 Min. / 100° / Stufe 2

Die Soße sofort in Gläser abfüllen und verschließen bzw. einen Teil für eine Pizza Ihrer Wahl oder den Zucchini-Hack-Kuchen von Seite 124 verwenden.

Sie kann leicht vorbereitet werden, ist auch gut haltbar und wenn's mal schnell gehen muss noch praktisch dazu.

Verwenden Sie nicht mehr Karotten als angegeben, ansonsten schmeckt die Soße nicht so gut.

Pizzasuppe

Hier schlägt sogar ein Suppenkaspar zu!

Reichen Sie Baguette, Nudeln oder Reis dazu. Hervorragend dazu passt das Pizza-Käsebrot von Seite 84.

Gut zum Vorkochen, auch schon am Vortag; die Suppe schmeckt aufgewärmt genauso gut. Sollte etwas übrig bleiben, einfach einfrieren.

Abwandlung zu einer **Gyrossuppe:** Anstelle von Hackfleisch nehmen Sie 400 g gewürztes Gyrosfleisch (evtl. etwas kleiner schneiden), statt Pizzagewürz verwenden Sie Oregano.

100 g rote Paprikaschoten in Stücken, **2 Knoblauchzehen, 150 g Zwiebeln** halbiert im Mixtopf zerkleinern.	2 Sek. / Stufe 5
2 kleine D. geschälte Tomaten (à 400 g) untermischen und umfüllen.	5 Sek. / Stufe 4
20 g Öl im Mixtopf erhitzen.	1 Min. / Dampfg. / Rührstufe
300 g gem. Hackfleisch zugeben und dünsten.	3 Min. / Dampfg. / ↶ / Rührstufe
1 Glas Champignons (in Scheiben) abgetropft, **100 g Sahne, 100 g Wasser, 80 g Sahnestreichkäse (Schmelzkäse), 20 g Weizenmehl Type 405, 1 EL Gemüsebrühe, 2 EL Pizzagewürz, 2 TL Zucker, ¼ TL Pfeffer, ½ TL Paprikapulver rosenscharf, 2 TL Salz,** die Tomatenmischung zugeben und garen.	15 Min. / 100° / ↶ / Rührstufe

Für mehrere Gäste: Kochen Sie diese Suppe zweimal hintereinander. Wenn die Gäste eintreffen, nur noch in einem Topf erwärmen.

Rahmfleckerl

Schön rustikal, das mögen (nicht nur) Männer!

Die Lieblingsfleckerl von Lena Mittermeier.

Sollte es etwas schneller gehen? Bereiten Sie nur 10 Fladen á 90 g zu. Backen Sie aus diesem Teig auch mal Semmeln. Den Teig nur abstechen und aufs Blech setzen. Beides am besten ganz frisch verzehren. Aber sie werden eh nicht alt, sie sind gleich weggeputzt.

Schnittlauch/Kräuter im Töpfchen: Gießen Sie, um eine längere Haltbarkeit zu erzielen, das Wasser in den Untersetzer und nicht direkt in die Erde.

Teig:
250 g Weizenmehl Type 405, 250 g Roggenmehl Typ 1150, 75 g flüssigen Natursauerteig (Fertigprodukt), 15 g Hefe, 2 TL Salz, ½ TL gem. Brotgewürz, 320 g lauwarmes Wasser
im Mixtopf verkneten. 1 Min. / Knetstufe

Den Teig im Mixtopf ca. 30 Min. gehen lassen.

Je wärmer das Wasser, desto klebriger der Teig. Ist er nach dem Gehen noch etwas zu weich, einfach rundherum etwas einmehlen und weiterverarbeiten.

Belag:
200 g Schmand, 150 g Sauerrahm, 100 g Crème fraîche
im Mixtopf verrühren. 5 Sek. / Stufe 3

Aus dem Teig 20 Kugeln (à 45 g) formen, zu kleinen Fladen auf bemehlter Arbeitsfläche ausrollen, auf zwei mit Backpapier belegte Bleche geben. Mit einem Teelöffel den Belag auf den Fladen verteilen, dabei einen kleinen Rand freilassen, mit **200-300 g rohen Schinkenwürfeln** bestreuen und backen.

Backzeit: 220°, ca. 20 Min.
oder 200° Umluft (für mehrere Bleche gleichzeitig)

Evtl. mit **Schnittlauchröllchen** bestreuen.

Räucherforellen-Creme auf Pumpernickeltalern

Für das perfekte Buffet etwas ganz Besonderes!

Da sagt sicher keiner nein. Diese Taler sind so richtig zum Schlemmen, probieren Sie's unbedingt aus.

Kinderleicht in der Herstellung und noch dazu blitzschnell fertig.

Bereiten Sie die Creme schon am Vortag zu. Ebenso können Sie die Taler gut vorbereiten. Einfach nur noch kühl stellen, bis die Gäste kommen.

200 g geräuchertes Forellenfilet im Mixtopf zerkleinern. 3 Sek. / Stufe 5

100 g Crème fraîche,
25 g Mayonnaise,
1 - 2 TL Meerrettich,
¾ TL Salz, etwas Pfeffer
untermischen. 5 Sek. / Stufe 3

Die Masse auf **Pumpernickeltaler** spritzen (Sahnespritze) und mit **Salatgurken** beliebig dekorieren.

Sehr dekorativ sehen die Gurken aus, wenn sie mit einem Buntmesser geschnitten werden.

Servieren Sie zusätzlich **Gurkenscheiben** in einer Schale, die schmecken dazu nämlich richtig lecker.

Ersatzweise Salzcracker oder in kleine Stücke geschnittenes Vollkornbrot verwenden.

Menge: ca. 40 Stück

Reissalat

Abwechslungsreicher Genuss! Mein Favorit ist der Reissalat „die schwere Version“ mit Mayo.

Das Auge isst mit. Schneiden Sie alles von Hand in Würfel, so sieht's noch schöner aus, viel schneller geht's jedoch im Mixtopf. Jetzt müssen Sie sich entscheiden, welche Variante nehmen Sie wohl?

Den Reis koche ich für beide Salate gleich auf einmal im Mixtopf.

Reis-Paprika-Salat (Foto links):

120 g Reis kochen und kalt werden lassen. In eine Schüssel mit Deckel geben.

Folgende Zutaten zerkleinern und zum Reis geben:

200 g Gouda in Stücken	5 Sek. / Stufe 10
200 g Äpfel in Stücken, **1 Zwiebel** halbiert, **1 TL Senf, 1 TL Salz,** **¼ TL Pfeffer, 20 g weißen Balsamicoessig, 40 g Öl**	2 - 3 Sek. / Stufe 5
3 Paprikaschoten bunt in Stücken	2 Sek. / Stufe 4 (TM31) ca. 2 Sek. / Stufe 5 (TM5)
200 g gek. Schinken in Stücken	1 Sek. / Stufe 4 (TM31) 1 - 2 Sek. / Stufe 5 (TM5)

Reis-Ananas-Salat „die leichte Variante" (Foto rechts):

230 g Reis kochen und kalt werden lassen. In eine Schüssel mit Deckel geben.

1 große Zwiebel halbiert im Mixtopf zerkleinern.	2 - 3 Sek. / Stufe 5
60 g Essiggurken zugeben, zerkleinern und zum Reis geben.	1 Sek. / Stufe 4 (TM31) 1 - 2 Sek. / Stufe 5 (TM5)

1 D. mexikanisches Gemüse, 1 kleine D. Ananasstücke, jeweils gut abgetropft, ca. 5 EL Ananassaft beiseite stellen, **½ TL Paprikapulver edelsüß, ½ TL Paprikapulver rosenscharf, 1 TL Salz, ¼ TL Pfeffer, 1 TL Curry, ca. 5 EL Ananassaft** mit dem Reis vermischen. Ich mag's gerne cremig und gebe immer noch **100 g Mayonnaise** dazu (Foto: ohne Mayonnaise).

Ruck-Zuck-Hörnchen
Tomaten-Obatzter

Prachtstücke, die selbst Backanfängern gelingen! Einfach super und so schnell gemacht.

Bleiben die Gäste länger, haben Sie ruck-zuck frische Frückstücks-Hörnchen auf dem Tisch. Für das Frühstück fülle ich die Hörnchen nicht.

Lieben Sie die süße Variante? Geben Sie 50 g Zucker und 1 Pr. Salz zum Teig. Füllen Sie diese mit Nutella® oder servieren Butter und Marmelade dazu, oder einfach pur, ganz nach Geschmack.

Teig:
100 g Milch, 25 g Hefe
im Mixtopf erwärmen. 2 Min. / 37° / Stufe 1
50 g Sahne, 50 g Öl, 1 TL Zucker,
1½ TL Salz, 300 g Weizenmehl
Type 405 verkneten. 2 Min. / Knetstufe

Der Teig sieht krümelig aus. Zu einem Kreis (Ø 40 cm) ohne Mehl ausrollen, mit einer Teigkarte achteln, mit **gek. Schinken** und/oder **Käse** belegen oder z.B. mit **Brunch „Paprika & Peperoni"®** (Fa. Edelweiss GmbH + Co. KG) bestreichen, von der breiten Seite her aufrollen, Spitzen gut festdrücken und auf ein mit Backpapier belegtes Blech geben. **1 Eigelb** mit **1 TL Milch** verrühren und bestreichen, mit **geriebenem Käse, Mohn, Sesam** oder **Schwarzkümmel** bestreuen und backen.

Backzeit: 200°, ca. 20 Min.

„Tomaten-Obatzter" (Foto Mitte):
25 g Wal- oder Haselnüsse im
Mixtopf zerkleinern, umfüllen. ca. 5 Sek. / Stufe 5 (TM31)
6 - 7 Sek. / Stufe 6 (TM5)
¼ Zwiebel, 25 g getrocknete, in Öl
eingelegte Tomaten zerkleinern. 3 Sek. / Stufe 5
125 g Camembert, 50 g Butter,
jeweils in Stücken, **½ TL Paprikapulver edelsüß, ½ TL Paprikapulver rosenscharf, ¾ TL Salz,** gehackte
Nüsse unterrühren. 10 - 15 Sek. / Stufe 4

Dick mit **Schnittlauchröllchen** bestreuen.

Salami-Frischkäse-Hörnchen

Klein, aber oho, lässt (nicht nur) Kinderaugen leuchten!

Sie sind total schnell ohne viel Mühe gemacht und doch „sonntagstauglich".

Hat man mal angefangen zu essen, kann man leider nicht wieder aufhören.

Teig:
200 g Weizenmehl Type 405, $\frac{3}{4}$ TL Backpulver, $\frac{3}{4}$ TL Salz, 1 Pr. Zucker, 100 g Magerquark, 100 g Doppelrahm-Frischkäse mit Kräutern, 100 g kalte Butter in Stücken im Mixtopf verkneten. 30 Sek. / Stufe 5

Der Teig fühlt sich etwas klebrig an, ist aber sehr gut zum Ausrollen.

Füllung:
250 g Mini-Cabanossi, scharf bzw. mild

Den Teig teilen, auf bemehlter Arbeitsfläche zu zwei Kreisen ausrollen (Ø à 26 cm). Mit dem Springformrand „anzeichnen", überstehenden Rand abschneiden und mit einem Tortenteiler Dreiecke ausstechen. Die Teigstücke etwas auseinanderdrücken, damit die Würstchen Platz haben. Jeweils mit einer Cabanossi füllen und von der breiten Seite her aufrollen, evtl. am Rand verschließen. Restlichen Teig nochmals ausrollen und ebenfalls verarbeiten.

Auf mit Backpapier belegte Bleche geben. **2 Eigelb** mit **1 TL Milch** verrühren, die Hörnchen damit bestreichen. Mit **Mohn, Schwarzkümmel** oder **Sesam** bestreuen und nacheinander backen.

Backzeit: 180°, ca. 25 Min.

Menge: ca. 40 - 45 Stück

Schafskäsetaschen

Köstlich eingepackter Schafskäse!

Schnell gemacht, super-super-gut und mal wieder ein Teig, der nicht klebt.

Die Taschen müssen gut verschlossen sein, ansonsten läuft die Masse etwas aus, was trotzdem manchmal noch passieren kann, aber dann weiß man gleich, welche Füllung drin ist. Haben Sie übrigen Feta im Kühlschrank? Mit Paprikasalat mischen oder über einen Auflauf streuen.

Damit die Gäste wissen, was sie erwartet: Legen Sie auf jeden Teller einen Menüplan.

Teig:
130 g Milch, 15 g Hefe,
½ TL Zucker im Mixtopf
erwärmen. 2 Min. / 37° / Stufe 1
80 g Naturjoghurt 3,5 %,
70 g Öl, 1 gestr. TL Salz,
350 g Weizenmehl Type 405
unterkneten. 2 Min. / Knetstufe

Im Mixtopf ca. 1 Stunde gehen lassen.

Füllung:
250 g Feta in Stücken,
2 EL gehackte Petersilie
im Mixtopf zu einer
cremigen Masse verrühren. ca. 6 Sek. / Stufe 6

Teigstücke (à 15 g) abstechen und mit dem Handrücken flachdrücken (Ø 6 cm). Einen Teelöffel Käsemasse in die Mitte geben und zusammenklappen. Teigenden etwas dünner drücken, nach oben klappen und festdrücken (siehe Foto). Auf zwei mit Backpapier belegte Bleche geben.

2 Eigelbe mit **1 TL Milch** verrühren und die Teiglinge damit bestreichen. Mit **Sesam** oder **Schwarzkümmel** bzw. **beides gemischt** bestreuen und nacheinander backen.

Backzeit: 180°, ca. 25 Min.

Menge: ca. 35 Stück

Schinkenhörnchen

Die sind einfach zum Anbeißen und kaum zu glauben, wie schnell sie fertig sind!

Bereiten Sie doch auch mal Minihörnchen zu, sie kommen auf dem Buffet dann ganz groß raus.

Tauschen Sie die Füllung je nach Geschmack aus.

Das freut Ihre Gäste: Legen Sie auf jeden Teller eine Klammer mit einem netten Spruch.

Füllung:
200 g gek. Schinken
in Stücken im Mixtopf
zerkleinern, <u>umfüllen</u>. 1 - 2 Sek. / Stufe 4 (TM31)
1 - 2 Sek. / Stufe 5 (TM5)

1 Zwiebel halbiert
zerkleinern. 3 Sek. / Stufe 5
20 g Butter, den zer-
kleinerten Schinken
zugeben und dünsten. 5 Min. / Dampfg. / Stufe 1
1 TL Petersilie,
10 g Sahne, etwas Pfeffer,
ca. $\frac{1}{2}$ - $\frac{3}{4}$ TL Salz
unterrühren. 5 Sek. / Stufe 3

450 g TK-Blätterteig 10 Min. auftauen lassen, der Länge nach nebeneinander legen, etwas ausrollen und Dreiecke ausschneiden.

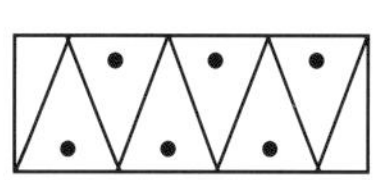

Je einen Esslöffel Füllung auf die breite Seite der Dreiecke geben, von dieser Seite her aufrollen und leicht biegen.

Auf mit Backpapier belegte Bleche geben. **2 Eigelbe** mit **1 TL Milch** verrühren, die Hörnchen damit bestreichen und nacheinander backen.

Backzeit: 200°, ca. 25 Min.

Menge: 18 - 20 Stück

Schinken-Käse-Stangen

Wenig Arbeit, viel Freude und noch mehr Geschmack, da kommt bestimmt Partystimmung auf!

Am besten am gleichen Tag genießen; offen liegen lassen, in einer Blechdose werden sie etwas weich.

Dekorieren Sie den Tisch doch mal mit Tüchern und Klammern.

Die Arbeitsfläche lässt sich sehr gut mit einer Teigkarte säubern.

100 g Emmentaler in Stücken im
Mixtopf zerkleinern, umfüllen. 5 Sek. / Stufe 10

80 g gek. Schinken in Stücken
zerkleinern, zum Käse geben. 1 Sek. / Stufe 4 (TM31)
1 - 2 Sek. / Stufe 5 (TM5)

Teig:
140 g Weizenmehl Type 405,
½ TL Backpulver, 1 Ei,
60 g kalte Butter in Stücken,
15 g Milch, 1 TL Salz,
etwas Pfeffer im Mixtopf
verkneten. 20 Sek. / Stufe 4
Käse-Schinken-Gemisch
unterrühren. 15 Sek. / ↶ / Stufe 3

Den Teig auf bemehlter Arbeitsfläche ½ cm dick ausrollen, 2 - 3 cm breite Streifen (10 - 12 cm lang) mit einem Teigrädchen ausrädeln. Die Streifen drehen, so dass eine Korkenzieherform entsteht, auf mit Backpapier belegte Bleche geben, an den Enden am Blech leicht festdrücken und backen.

Variante: Die Teigplatte vor dem Backen mit einem verrührten Eigelb bestreichen, mit Mohn, Sesam oder Kümmel bestreuen und ausrädeln, nicht drehen.

Backzeit: 180° (Umluft), ca. 15 Min.

Je knuspriger, desto besser finde ich sie!

Menge: ca. 40 Stück

Schinken-Käse-Zupfkuchen

Deftig und pikant, schmeckt warm und kalt!

Dieser Kuchen ist auf alle Fälle partytauglich, aber auch „im Kleinen" ein köstlicher Genuss.

Fürs Buffet: Den kalten Kuchen in kleine Stückchen schneiden und mit Spießen versehen. Auch zum Einfrieren geeignet.

Ich bereite ihn schon ein paar Stunden vor Eintreffen der Gäste zu und schiebe ihn dann nur noch in den Ofen.

Das Blech lässt sich sehr gut mit einer Teigkarte säubern. Probieren Sie's aus.

Teig:
100 g Emmentaler in Stücken
im Mixtopf zerkleinern. 8 Sek. / Stufe 8
450 g Weizenmehl Type 405,
220 g kalte Margarine, 1 Pr. Zucker,
1 gestr. TL Salz, 150 g Sahne
zugeben und unterkneten. 40 Sek. / Stufe 5

2/3 des Teiges auf ein gefettetes Blech (30 x 40 cm) mit Backrahmen geben und einen Rand hochziehen.

Belag:
1 rohe Kartoffel (ca. 120 g)
halbiert im Mixtopf zerkleinern. 3 Sek. / Stufe 6
1 Zwiebel halbiert, **1 Stange Lauch**
in Stücken zugeben, zerkleinern
und in eine große Schüssel füllen. 3 - 4 Sek. / Stufe 5

200 g Emmentaler in
Stücken zerkleinern. 5 Sek. / Stufe 8
350 g gek. Schinken,
150 g Salami, jeweils in Stücken,
¼ TL Pfeffer, ½ TL Salz
zugeben und zerkleinern. 3 Sek. / Stufe 5
400 g Schmand, 50 g Sahne
unterrühren. 15 Sek. / ↺ / Stufe 3 (TM31)
15 Sek. / ↺ / Stufe 4 (TM5)

Mit den zerkleinerten Zutaten mischen und auf den Teig streichen. Aus dem restlichen Teig kleine Stücke zupfen, auf dem Belag verteilen und backen.

Backzeit: 180°, ca. 65 - 70 Min.

Spargel-Muffins

Hochgenuss von der Stange!

Hier wird Spargel versteckt serviert, also mal was ganz anderes; Muffins, die in der Spargelzeit wirklich nicht fehlen dürfen.

Auch optimal als Vorspeise oder kleiner Happen zwischendurch geeignet.

Lauwarm finde ich sie am besten.

Der Spargel muss nicht vorgekocht werden.

1 Rolle Blätterteig (275 g, aus dem Kühlregal) mit dem Papier in 12 Teile (ca. 8 x 10 cm) schneiden und in eine nicht gefettete Muffinform geben.

Füllung:
250 g Spargel schälen, davon 80 g in feine Scheiben, den Rest in Stücke schneiden.

100 g gek. Schinken in Stücken im Mixtopf zerkleinern und umfüllen.	1 Sek. / Stufe 4 (TM31) 1 - 2 Sek. / Stufe 5 (TM5)
Spargelstücke pürieren.	3 Sek. / Stufe 8
250 g Mascarpone, 1 Eigelb, 1 TL Salz, etwas Pfeffer, den zerkleinerten Schinken, Spargelscheiben unterheben.	5 Sek. / ⟲ / Stufe 3

Die Masse in der Form verteilen und backen.

Backzeit: 200°, ca. 25 - 30 Min.

Speck-Käse-Schnecken

Perfekt für Gäste!

Schmecken warm oder kalt.

Dazu ein Klecks Crème fraîche und ein gemischter Salat oder nur als Snack zu Bier oder Wein in einer gemütlichen Runde.

Variante: Die Schnecken dicht zusammenlegen und einen Rosettenkuchen backen.

Dieser Teig klebt nicht und lässt sich sehr gut verarbeiten. Sie können hier beliebige Füllungen verwenden.

Teig:
400 g Weizenmehl Type 405,
½ W. Hefe, 200 g Milch,
½ TL Zucker, 1 geh. TL Salz,
80 g Margarine im Mixtopf verkneten. 2 Min. / Knetstufe

Den Teig im Mixtopf ca. 30 Min. gehen lassen.

Auf leicht bemehlter Arbeitsfläche zu einem Quadrat von 40 x 40 cm ausrollen.

Füllung:
150 g Gouda in Stücken,
3 - 4 Stängel Petersilie
im Mixtopf zerkleinern. 4 Sek. / Stufe 8
200 g Doppelrahm-Frischkäse mit Kräutern, 100 g rohe Schinken- oder Speckwürfel, 30 g Milch
unterrühren. 10 Sek. / ↶ / Stufe 3 (TM31)
10 Sek. / ↶ / Stufe 4 (TM5)

Die Masse auf den Teig streichen und aufrollen. Die Rolle in 3 - 4 cm dicke Scheiben schneiden, auf ein mit Backpapier belegtes Blech geben, weitere 15 Min. zugedeckt gehen lassen und backen.

Backzeit: 180°, ca. 30 - 35 Min. oder 160° Umluft, ca. 25 - 30 Min. (für mehrere Bleche gleichzeitig)

Menge: ca. 12 Stück

Die fertigen, rohen Schnecken einfrieren und gefroren im Ofen bei 180°, ca. 30 - 35 Min. backen.

Spinat-Cambozola-Torte

Raffiniert, sommerlich und unwiderstehlich gut!

Fröhlich feiern mit Spinat-Torte, sie wird Ihre Gäste begeistern.

Komisch, ich mag eigentlich gar keinen Spinat, aber diese Torte schmeckt mir trotzdem total gut.

Die Pinienkerne lasse ich meistens ersatzlos weg.

Mir schmeckt sie warm am besten.

200 g TK-Blattspinat auftauen lassen.

Teig:
200 g Weizenmehl Type 405, 1 Ei,
120 g Margarine, ¾ TL Salz,
1 Pr. Zucker, 30 g Wasser
im Mixtopf verkneten. 30 Sek. / Stufe 5

Den weichen Teig in eine gefettete Springform (Ø 26 cm) geben und einen Rand hochziehen.

Belag:
Mit dem Spinat ausgedrückt und **150 g Cocktailtomaten** geviertelt belegen. Mit **½ TL Salz** bestreuen.

Guss:
150 g Cambozola, 50 g Milch,
200 g Schmand, 4 Eier,
ca. 1 TL Salz (kommt auf die Würze des Käses an),
¼ TL Pfeffer im Mixtopf verrühren. 10 Sek. / Stufe 4

Auf das Gemüse geben und backen.

10 Min. vor Ende der Backzeit mit **1 EL Pinienkernen** bestreuen.

Backzeit: 180°, ca. 50 – 55 Min.

Trauben-Käsekugeln

Für die kleinen Glücksmomente im Leben: Mit diesen Prachtstücken geht an Ihrem Buffet die Sonne auf!

Die Pralinen sind relativ schnell und mal wieder mit wenigen Zutaten gemacht.

Wer einen milderen Geschmack liebt, anstelle von Ziegenkäse einfach Gouda verwenden.

Aus den restlichen Weintrauben z.B. Käsespieße herstellen. Den Käse hierfür steche ich mit verschiedenen kleinen Plätzchenformen aus.

100 g Erdnüsse geröstet, gesalzen im Mixtopf hacken und umfüllen.	ca. 2 Sek. / Stufe 6 (TM31) ca. 5 Sek. / Stufe 6 (TM5)
200 g Ziegen-Hartkäse in Stücken zerkleinern.	7 Sek. / Stufe 7
200 g Doppelrahm-Frischkäse unterrühren.	ca. 5 Sek. / Stufe 5

Kernlose Weintrauben (Je kleiner die Weintrauben, desto besser, ansonsten werden die Kugeln relativ groß.)

1 TL (à 8 g) der Käsecreme in eine Handfläche drücken, eine Traube hineinlegen, mit der Creme umschließen und zu einer Kugel formen. Die Käsekugeln in den zerkleinerten Erdnüssen wälzen.

Menge: ca. 50 Stück

Türkische Pizza

Darf's noch ein Stückchen mehr sein? Leckeres aus dem Ofen kommt immer gut an!

Bleibt noch ein Rest übrig, einfach kalt verzehren.

Ideal auch für Vegetarier.

Die Pizza ist sehr schnell zubereitet, da man den Belag schon vorher herrichten kann, jedoch erst kurz vor dem Backen auf den Teig geben.

Der Belag schmeckt roh überhaupt nicht, also bitte nicht wundern oder die Masse entsorgen, so wie ich es das erste Mal beinahe gemacht hätte.

Belag:

2 Knoblauchzehen im
Mixtopf zerkleinern. 2 Sek. / Stufe 10

250 g Zwiebeln halbiert,
1 leicht geh. TL Salz,
2 EL Oregano, 60 g Öl,
1 kg Tomaten geviertelt
zugeben und zerkleinern. 3 Sek. / Stufe 5 (TM31)
4 Sek. / Stufe 5 (TM5)

Die Masse 2 Std. durchziehen lassen.

Teig:

330 g Weizenmehl Type 405,
200 g Milch, ¾ TL Salz,
2 TL Trockenhefe, 40 g Öl
im Mixtopf verkneten. 2 Min. / Knetstufe

Den Teig auf einem gefetteten Blech (35 x 40 cm) dünn ausrollen.

Die Tomaten-Zwiebelmasse abseihen, mit einem Löffel gut ausdrücken und auf dem Teig verteilen.

300 g Feta in Stücken
im Mixtopf zerkleinern. 3 Sek. / Stufe 3 (TM31)
3 Sek. / Stufe 4 (TM5)

Den Käse auf die Pizza streuen und backen.

Backzeit: 200°, ca. 35 Min.

Wiener im Brezenteig

Was duftet denn hier so gut?

Auch kalt ein Genuss. Ich esse gerne eine süße Chilisauce oder Curryketchup dazu.

Evtl. den Käse ersatzlos weglassen bzw. eine andere Sorte verwenden. Schneller geht's, wenn Sie aus dem Teig 8 Teile formen und jeweils eine ganze Wiener einrollen (siehe Foto hinten); schöner sehen halt die kleineren aus.

Backen Sie aus einem Teil des Teiges Brezensemmeln.

Teig:
600 g Weizenmehl Type 405,
400 g Milch, 1 W. Hefe,
2 geh. TL Salz im Mixtopf verkneten. 2 Min. / Knetstufe

Den Teig im Mixtopf ca. 30 Min. gehen lassen.

Lauge:
2 TL Natron mit ½ **Tasse kochendem Wasser** verrühren. Achtung, es schäumt kurz!

Den Teig zu 16 gleich großen Stücken teilen und länglich ausrollen. Je eine **Scheibe Grünländer Chili-Paprika®** und eine halbe **Wiener** darauflegen, aufrollen und die Enden gut festdrücken. Auf ein mit Backpapier belegtes Blech geben, mit der Lauge einstreichen, mit **Sesam, geriebenem Emmentaler** oder **Brezensalz** bestreuen und backen.

Nach ca. 20 Min. Backzeit nochmals mit der Lauge einstreichen.

Backzeit: 200°, ca. 25 - 30 Min.
oder 180° Umluft (für mehrere Bleche gleichzeitig)

Tipp:
Die fertigen, rohen Teiglinge (ohne Lauge) einfrieren, vor dem Backen mit Lauge bestreichen und gleich gefroren in den Ofen geben.

Backzeit: 200°, ca. 30 - 35 Min.

Wurststrudel

Bringen Sie mal Abwechslung auf den Tisch!

Ein kleines, feines Abendessen, das auch Kindern schmeckt. Schnell und unkompliziert in der Zubereitung und spitzenmäßig im Geschmack.

Warm oder kalt genießen.

Meistens bereite ich eine Hälfte mit und eine ohne Paprika zu (siehe Foto links).

Kommt Ihnen das auch bekannt vor? Sie suchen ein Rezept und finden es unter Ihren hunderten gesammelten Werken doch nicht? Dann lesen Sie am besten gleich den Tipp auf Seite 5 durch.

Teig:
400 g Weizenmehl Type 405,
30 g Hefe, 220 g Milch,
50 g Margarine, 1½ TL Salz,
1/8 TL Pfeffer, 50 g Schmand
im Mixtopf verkneten. 2 Min. / Knetstufe

Den Teig im Mixtopf ca. 1 Std. gehen lassen.

Auf bemehlter Arbeitsfläche (40 x 40 cm) ausrollen und mit **100 g Crème fraîche** bestreichen.

Mit **350 g Fleischwurst (Lyoner)**, **150 g Paprikaschoten bunt,** jeweils in kleine Würfel geschnitten, belegen und etwas in den Teig drücken.

Den Teig fest aufrollen, während des Aufrollens nochmals festdrücken, in 2 cm dicke Scheiben schneiden, auf zwei mit Backpapier belegte Bleche geben und nacheinander backen.

Backzeit: 200°, ca. 25 - 28 Min.

Menge: 18 Stück

Tipp: Backen Sie aus diesem Teig Semmeln. 10 Stück formen, in Wasser und danach in verschiedene Körner tauchen und backen.

Backzeit: 50° 20 Min., 200° ca. 25 - 30 Min.

Zucchini-Hack-Kuchen

Zum Bestreuen:
100 g Emmentaler, 100 g Gouda,
jeweils in Stücken im Mixtopf
zerkleinern und umfüllen. 8 Sek. / Stufe 10

Teig:
300 g Weizenmehl Typ 550,
80 g Hartweizengrieß, 20 g Hefe,
1½ TL Salz, 1 TL Zucker, 15 g Oliven-
öl, 150 g lauwarmes Wasser,
70 g Bier verkneten. 2 Min. / Knetstufe

Den Teig im Mixtopf ca. 30 Min. gehen lassen.

Auf einem gefetteten Blech (35 x 40 cm) ausrollen, **200 g Pizzasoße** (siehe Seite 88) darauf verteilen.

Belag:
1 Zwiebel halbiert, **1 Knoblauchzehe** im Mixtopf zerkleinern. 3 Sek. / Stufe 5

In einer Pfanne mit **etwas Öl** dünsten. **200 g gem. Hackfleisch, 3 TL Salz, ¼ TL Pfeffer, 1 TL Oregano** zugeben und mitbraten.

600 g Zucchini (ohne Kerne), 1 rote Paprikaschote, jeweils in Stücken, **1 Tomate** geviertelt im Mixtopf in zwei Arbeitsgängen zerkleinern. 1 - 2 Sek. / Stufe 4 (TM31)
3 - 4 Sek. / Stufe 5 (TM5)

Das Gemüse kurz mitdünsten, auf den Teig geben.

Guss:
200 g Crème fraîche, 1 Ei, ½ TL Salz, etwas Pfeffer im Mixtopf verrühren. 10 Sek. / Stufe 3

Die Masse auf den Teig gießen, mit dem Käse bestreuen und backen.

Backzeit: 180°, ca. 40 Min.

Diesen Teig können Sie auch gut für eine Pizza verwenden.

Zucchini-Möhrenkuchen

Genau richtig für einen Mädels-Abend!

Zucchini und Möhren: Zwei, die sich geschmacklich und auch optisch gut ergänzen.

Wer den etwas süßlichen Geschmack der Möhren nicht mag, belegt ihn einfach nur mit Zucchini. Hier würde ich gelbe und grüne verwenden. Oder auch mal eine Hälfte mit Möhren und Zucchini und eine Hälfte nur mit Zucchini zubereiten.

Abwandlung: 200 g Sahne durch 200 g Doppelrahm-Frischkäse austauschen.

Teig:

400 g Weizenmehl Type 405,
2 TL Salz, 1 W. Hefe,
20 g Olivenöl, 250 g lauwarmes Wasser
im Mixtopf verkneten. 1½ Min. / Knetstufe

Den Teig auf einem gefetteten Blech (35 x 40 cm) ausrollen, einen Rand formen. Abgedeckt ca. 30 Min. gehen lassen.

Belag:

400 g Möhren und **600 g Zucchini** in Scheiben schneiden. (Dünne Möhren schräg in Streifen schneiden.)

Die Möhren 5 Min. in sprudelndem Salzwasser blanchieren. Kurz mit kaltem Wasser abschrecken und abtropfen lassen.

Das Gemüse schuppenartig auf dem Teig verteilen.

Guss:

5 Eier, 400 g Sahne,
½ TL Thymian, 1¼ TL Salz,
etwas Pfeffer, etwas Muskat
im Mixtopf verrühren. 5 Sek. / Stufe 5

Die Eier-Sahne über den Kuchen gießen und backen.

Backzeit: 200°, ca. 35 Min.

Zucchini-Mozzarella-Happen

Würzig und saftig, Gemüse macht das Leben bunt!

Hier kommen auch Vegetarier auf ihre Kosten.

Sie sind total schnell zubereitet und schmecken vorzüglich. Den Belag erst kurz vor der Weiterverarbeitung herstellen.

Dekorativ und billig: Spannen Sie farbige Gummibänder um weiße Kerzen.

200 g Zucchini (ohne Kerne),
80 g rote Paprikaschoten,
80 g gelbe Paprikaschoten,
jeweils in Stücken,
250 g Mozzarella halbiert,
120 g Cocktailtomaten,
1½ TL Salz, ¼ TL Pfeffer,
je ½ TL Pizzagewürz,
Basilikum, Thymian, Oregano
im Mixtopf zerkleinern. ca. 2 Sek. / Stufe 5 (TM31)
ca. 3 Sek. / Stufe 5 (TM5)

Wer's schärfer mag, gibt einfach Chilipulver dazu.

Den Belag auf Baguettescheiben **(ges. 2 Baguette)** streichen, auf mit Backpapier belegte Bleche geben und backen.

Backzeit: 160° (Umluft), ca. 15 - 18 Min.

Zwiebel-Käse-Taler

Snacks für Freunde!

Diese selbstgemachten, pikanten Leckereien sind einfach nur himmlisch, ausprobieren lohnt sich.

Genießen Sie die Taler am besten frisch.

In einer Blechdose aufbewahren, jedoch in 2 oder 3 Tagen aufbrauchen. Schmecken auch ohne Belag und sind dadurch auch länger haltbar.

Für eine schöne Farbe: Geben Sie etwas Paprikapulver edelsüß mit in die Zwiebelfüllung oder vor dem Verzehr damit bestäuben.

Teig:

160 g Parmesan in Stücken
im Mixtopf zerkleinern. 8 Sek. / Stufe 10

200 g Weizenmehl Type 405,
200 g kalte Butter
in Stücken, **$\frac{3}{4}$ TL Salz,**
1 TL Paprikapulver edel-süß zugeben und verkneten. $1\frac{1}{2}$ Min. / Knetstufe

Den Teig auf bemehlter Arbeitsfläche ausrollen, Taler ausstechen und auf mit Backpapier belegte Bleche geben.

(Schnellvariante: Kugeln drehen, etwas flach drücken und backen.)

Belag:

2 große Zwiebeln halbiert
im Mixtopf zerkleinern. ca. 3 Sek. / Stufe 5

Die Zwiebeln in einer Pfanne mit **etwas Öl** dünsten, mit **2 TL Mehl** bestäuben und verrühren. **Ca. $\frac{1}{2}$ TL Salz, etwas Pfeffer** und **etwas Muskat** unterrühren.

Die Masse auf den Plätzchen verteilen und backen.

Backzeit: 180°, ca. 15 - 18 Min.

Auf dem Blech etwas abkühlen lassen.

Menge: ca. 65 Stück

Zwiebelkuchen

Herrlich zu einem Glas Federweißen! Ein Klassiker, der immer wieder gerne gegessen wird.

Sicher haben Sie Ihr Lieblingsrezept für einen Zwiebelkuchen schon gefunden. Falls doch nicht, probieren Sie diesen aus.

Gehobelte Zwiebeln finde ich geschmacklich noch etwas besser.

Die Schinkenwürfel bzw. den Käse können Sie auch weglassen bzw. die Mengen variieren oder die eine Hälfte so, die andere Hälfte so.

Teig:
400 g Weizenmehl Type 405,
1 TL Salz, 50 g Butter,
200 - 220 g Milch,
30 g Hefe, ½ TL Zucker,
1 Ei im Mixtopf verkneten. 2 Min. / Knetstufe

Den Teig ca. 30 Min. im Mixtopf gehen lassen.

Auf einem gefetteten Blech (35 x 40 cm) ausrollen und einen Rand formen.

Belag:
1 kg Zwiebeln hobeln oder halbierte Zwiebeln in zwei Arbeitsgängen im Mixtopf kurz zerkleinern (Stufe 5).

Die Zwiebeln in einer Pfanne mit **etwas Öl** ca. 8 Min. dünsten. In einer weiteren Pfanne ohne Öl **250 g rohe Schinken- oder Speckwürfel** knusprig braten. Beides etwas abkühlen lassen und auf dem Teig verteilen. (Speck und Zwiebeln können Sie in eine Pfanne geben, jedoch verfärben sich die Zwiebeln etwas.)

200 g Gouda in Stücken
im Mixtopf zerkleinern. 5 Sek. / Stufe 8

Auf die Zwiebeln streuen.

400 g Sauerrahm, 3 Eier,
2 TL Salz, ¼ TL Pfeffer
im Mixtopf verrühren. 15 Sek. / Stufe 3

Auf dem Kuchen gleichmäßig verstreichen und backen.

Backzeit: 200°, ca. 30 - 35 Min.

Zwiebel-Speck-Bällchen

Genau richtig für lustige Abende in geselliger Runde!

Warm oder kalt ein Genuss.

Zwiebeln scharf und gut: Mit ihrem intensiven Aroma geben sie vielen Gerichten erst die richtige Würze.

Auch diese Bällchen lassen sich gut einfrieren, was ich immer sehr praktisch finde, wenn ich für den „schnellen Hunger" nur etwas in die Mikro geben bzw. nur kurz auftauen muss.

Teig:

100 g Emmentaler in Stücken im Mixtopf zerkleinern.	6 Sek. / Stufe 8
250 g Magerquark, 90 g Öl, 120 g Milch, 10 g Zucker, 300 g Weizenmehl Type 405, 1 P. Backpulver, 1 Pr. Salz zugeben und verkneten.	30 Sek. / Knetstufe
100 g Röstzwiebeln, 100 g rohe Schinken- oder Speckwürfel unterheben, Spatel zum Mitrühren verwenden.	30 Sek. / ↶ / Stufe 2

Evtl. mit dem Spatel zum Schluss nochmals durchrühren.

Aus dem Teig kleine Bällchen (à 20 g) formen, auf zwei mit Backpapier belegte Bleche geben und backen.

Backzeit: 160° (Umluft), ca. 20 - 25 Min.

Menge: 55 Stück

Und hier die **Schnellvariante:** Aus dem Teig 16 Kugeln (à 70 g) formen, auf ein mit Backpapier belegtes Blech mit etwas Abstand geben und backen.

Backzeit: 180°, ca. 35 – 40 Min.

Rezeptverzeichnis:

Rezeptverzeichnis:

Rezeptverzeichnis:

B. 1: Leckere Kuchen blitzschnell gezaubert

Apfel-Walnuss-kuchen

Blitzkäse-kuchen

Brownies

Cappuccino-Kuchen

Heißer Butterkuchen

Karotten-kuchen

Kartoffel-kuchen

Kirsch-Marzipan-kuchen

Mohnkuchen Martina

Nusskuchen nach Omas Art

Nuss-Nougat-kuchen

Sacher-schnitten

Studenten-futter-Kuchen

Walnuss-Schnitten

Zitronenkuchen mit Schokoguss

Weitere Fotos, das komplette Inhaltsverzeichnis und Bestellmöglichkeit in meinem Online-Shop:

www.christines-rezepte.de

B. 2: Torten · Schnitten · Kuchen, die müssen Sie versuchen

Ananas-Kokostorte

Birnen-Sekt-kuchen

Erdbeer-bombe

Erdbeer-schnitten

Himbeer-Frisch-käse-Torte

Johannisbeer-Zupfkuchen

Käsekuchen

Kirsch-Bananen-Torte

Maracuja-Käsesahne

Mohn-Pudding-kuchen

Müsliriegel

Nuss-Marzipan-Zopf

Obstgarten-Torte

Schmandkuchen

Zimt-Mandarinen-schnitten

B. 3: Noch mehr... Torten · Schnitten · Kuchen

Amaretto-Kuppeltorte

Brombeer-Streuselkuchen

Eierlikör-Käsesahne

Erdbeer-Kokos-Torte

Espresso-Torte

Kiwi-Bananen-Torte

Krümeltorte

Latte-Macchiato-Torte

Quarkmäuse

Rhabarber-Baiserkuchen

Rhabarber-Donauwelle

Rumschnitten

Tiramisu-Schnitten

Zitronen-Keks-Schnitten

Zwetschgen-Mohnschnecke

Weitere Fotos, das komplette Inhaltsverzeichnis und Bestellmöglichkeit in meinem Online-Shop:

www.christines-rezepte.de

B. 4: Himmlische Plätzchen wie von Engeln gebacken

Glücks-schweinchen

Hafer-plätzchen

Heilig-Abend-Gebäck

Kirschsterne

Knusperstangen

Kokoswürfel

Mandelwellen

Marzipan-Walnuss-Pralinen

Nussplätzchen ungarisch

Nuss-Stäbchen

Schokoladen-kringel

Stollen-plätzchen

Walnuss-häppchen

Zimtkugeln

Zitronen-Schokokugeln

B. 5: „drunter & drüber" Brote, Semmeln und Aufstriche

Brie-Preiselbeer-Creme

Dinkel-Roggenbrot

Eiercreme

Frühstückssemmeln

Joghurtbrot Fladenbrot

Käsestangen Käsebaguettes

Käse-Tatar

Kaisersemmeln

Marmelade „Sunrise"

Maurersemmeln

Mettwurst Mohnsemmeln

Rucola-Aufstriche

Südländische Aufstriche

Walnussbrot

Zucchinibrot Tomatenbutter

Weitere Fotos, das komplette Inhaltsverzeichnis und Bestellmöglichkeit in meinem Online-Shop:

www.christines-rezepte.de

B. 7: Hauptgerichte schnell gemacht… (auch f. Vegetarier)

Chinasuppe

Curryreis mit Hähnchen

Gulasch

Käseschnitzel Tomatenspätzle

Kürbis mit Hackfleischfüllung

Lachs mit Wildreis Cambozola

Nudelauflauf mexikanisch

Nudeltopf Arrabiata

Paprikaschnitzel mit Reis

Rohkostsalate

Sauerkraut mit Kasseler

Schupfnudeln

Seelachs mit Senf-Curry-Soße

Suflaki mit Reis und Zaziki

Zucchinipuffer

B. 8: Naschkatzen aufgepasst - diese Süßspeisen werden Sie lieben!

Apfellasagne

Apfel-Zwetsch-genstrudel

Bananen chinesisch

Dampfnudeln

Frischkäsetaler m. Erdbeerquark

Germknödel Nußknacker

Hefeplätzchen m. Marmelade

Kirschlasagne

Kirsch-Quark-fladen

Knuspernudeln m. Heidelbeerk.

Mirabellen-

Mohn-Schupf-

Pfannkuchen

Rhabarber-

Schokowaffeln

Weitere Fotos, das komplette Inhaltsverzeichnis und Bestellmöglichkeit in meinem Online-Shop:

www.christines-rezepte.de

B. 9: Hauptgerichte zum Genießen, so macht Kochen Spaß! (auch f. Vegetarier)

Brokkolicreme-suppe

Curryhähnchen süss-sauer

Filettöpfchen überbacken

Grünkernpflanz. m. Buttergemüse

Hawaii-Schnitzel mit Reis

Kohlrabi-Kar-toffelsuppe

Lebernockerl-, Leberspätzles.

Linseneintopf

Mangohähnchen mit Reis/Brokkoli

Pute „Tomate-Mozzarella"

Reistaler mit Currysoße

Röstis mit Dips

Spargel asiatisch

Spargel-Kar-toffel-Auflauf

Würstchen-gulasch